杨霄 ◎ 著

我说说我的奋斗

马云自述人生风雨20年

哈尔滨出版社
HARBIN PUBLISHING HOUSE

图书在版编目（CIP）数据

我说说我的奋斗 / 杨霄著. — 哈尔滨：哈尔滨出
版社，2017.4
ISBN 978 - 7 - 5484 - 3064 - 3

Ⅰ. ①我… Ⅱ. ①杨… Ⅲ. ①马云 - 演讲 - 语言艺术
Ⅳ.① H019

中国版本图书馆 CIP 数据核字（2017）第 033139 号

书　　名：**我说说我的奋斗**
- -
作　　者：杨　霄 著
责任编辑：杨　磊　张　薇
责任审校：李　战
封面设计：华夏视觉
- -
出版发行：哈尔滨出版社（Harbin Publishing House）
社　　址：哈尔滨市松北区世坤路 738 号 9 号楼　　邮编：150028
经　　销：全国新华书店
印　　刷：北京嘉业印刷厂
网　　址：www.hrbcbs.com　　www.mifengniao.com
E - mail：hrbcbs@yeah.net
编辑版权热线：（0451）87900271　87900272
销售热线：（0451）87900202　87900203
邮购热线：4006900345　（0451）87900345　87900256
- -
开　　本：710mm×1000mm　　1/16　　印张：17　　字数：257 千字
版　　次：2017 年 4 月第 1 版
印　　次：2017 年 4 月第 1 次印刷
书　　号：ISBN 978 - 7 - 5484 - 3064 - 3
定　　价：39.80 元
- -
凡购本社图书发现印装错误，请与本社印制部联系调换。**服务热线：**（0451）87900278

目 录
CONTENTS

创业——蟑螂的生存法则 第四章

鼓动——激情是用来推销的 第五章

第六章 | **管理——领导者的最大盲点**

智慧——以小搏大的法门 第七章

境界——重回商道原点 第八章

第九章　**创新——没有突破就等于没做**

第一章

思维——非常规出牌

250亿美元是笔不大的融资

马云如是说

我们越是想到250亿美元的融资，就越是想到我们应该如何高效地花钱。这不是钱，是来自全球的信任，这些人希望你能够更好地帮助更多人，他们希望有一个更好的回报。

这给了我更大的压力。我们公司的市值在全球排名前列。我告诉我的团队，真的吗？我们没有那么好。多年前，人们说，阿里巴巴商业模式很糟，不赚钱，有这样那样的问题。亚马逊更好，eBay更好，谷歌更好，在美国没有阿里巴巴这样的模式。我告诉团队，我们比大家想得好。而今天我告诉团队，我们不像人们想得那么好，我们是一个17岁的年轻公司，是一个员工平均年龄二十七八岁的公司，这个公司做些人类在历史上没有做过的事情。

提要

马云在美国IPO之后，面对媒体提醒世人，也是提醒阿里巴巴的团队，别把阿里想得太好，不要神化阿里，同时，也不要把阿里想得太差，永远保持一颗平常心。250亿美元的融资额不管是多是少，其实都与阿里的价值无关。这代表了投资人对阿里未来的预期，并不是阿里真的值这多钱。

马云的话体现了他对投资人的负责精神，他感觉到这不是单纯的资金，更是一种责任。

启示录

　　马云作为阿里巴巴创始人，对阿里巴巴有着清醒的认识，我们中国有句古话"知人者智，自知者明"，马云既深知自己，也明晓他人，能够轻松驾驭成功和失败。在他最苦的时候，他一直在说阿里巴巴的伟大；在他成功的时候，他又提醒不可将阿里巴巴神化。马云不像其他创业者，融到资了就认定成功了，相反，他认为融资只是承担责任的开始。在马云眼中，资金越多，证明大家对自己的期望越大。这对他而言，是一种压力。责任往往和压力是连接在一起的。马云的思维从没把财富放在第一位，他把价值放在第一位。孙中山曾经说过一句话：要做大事，不要做大官。这句话和马云思维一致，目标所及，并非钱或权，而是自己的企业能给社会带来什么。因此，马云才能胜不骄，败不馁，才能以平常心看待事物。

未来三十年的变化

马云如是说

未来30年，云计算、大数据、人工智能……都会成为基本的公共服务，各行各业都会经历巨大的变化。今天零售业的变革，只是一个浪潮的开始。这个浪潮不是电子商务代替零售，而是未来没有电子商务，一切零售都是线上线下的融合。未来30年，物流业、制造业、服务业、金融业、教育……所有的行业，在这场技术革命之下，改变是不可避免的。

提要

大数据和人工智能是下一个30年的风口，也是下一个30年的技术革命。马云的眼光总是看到未来，只有看到未来的人才有机会。未来30年各个行业都会受到人工智能和大数据的冲击。

启示录

善于抓住机会的人才能赢得未来，机会需要眼光，要看长远。马云做电子商务的时候，电子商务还是个新鲜事物，没人意识到有一天它会成为人们一种普遍的生活方式。现在，电子商务流行起来了，淘宝和支付宝已经进入千家万户。马云今天所看到的大数据和人工智能在30年后照样会流行。所以，马云今天的眼光就是专注于大数据和人工智能，这是未来电子商务的替代品，电子商务公司如果不求变革，在30年后一样会像今天的零售店一样，被冲击得惨不忍睹，马云的思维里从不提钱，不提利润，他只提战略，只看大的方向。史玉柱曾经说过一句话，一个公司有一个做战略的就足够了。马云就是阿里巴巴唯一做战略的人，他知道自己要做什么，但是怎么做，要靠他的团队去执行。

"阿里巴巴"的由来

马云如是说

从我外婆到我儿子，他们都会读"阿里巴巴"。

世界上几乎所有语言对"阿里巴巴"的发音都是"a-li-ba-ba"，也就是说全世界的商人都可以没有困难地接受我们网站的名字。

提要

为了给企业取一个好的名称，马云绞尽脑汁。有一次在美国一个餐厅吃饭的时候，马云突然想到"阿里巴巴"，这是一个全世界人民都耳熟能详的名字。此刻的马云，兴奋之情，溢于言表，虽然这个域名已经被一个加拿大人注册，但马云还是不惜重金买了过来。

启示录

给企业起名是一门学问，好名称能给企业带来好运气。

一般来说，起名有以下几个出发点：

1.图吉利。比如"旺仔""万事达"等，就是希望产品畅销和事业兴旺发达。

2.标新立异。比如有报道称，有一款避孕套取名为"使玉柱"，就是为了最大化地吸引消费者的眼球。

3.意境深远。有的人为了一个好的名称，煞费脑筋，搜肠刮肚，力求使每个字都体现出不一样的深远含义。

4.准确描述产品特性。有的商品一看名称，便能让消费者知道商品是什么类型，有什么用途，比如"步步高"鞋。

取名"阿里巴巴"，体现了马云思维上的远见。从一开始，马云就把企业的未来放眼到了全世界。自然，有一个全世界人民都耳熟能详、通俗易懂的名称是最好不过的。"阿里巴巴"这个名称，没有什么深远意境，也看不出是什么产品，更体现不出什么大吉大利，但它却是个世人皆知的童话故事里的名字。这个名称让企业在发展过程中，迅速在公众中建立起了知名度，达到了很多企业重金营销所没有达到的效果，以至于在创始阶段就吸引了美国《商业周刊》杂志的特别关注。

往往最简单的，也是最有效的。

辩证的法则

马云如是说

我们的策略不断在变，但有三样东西永不改变：

愿景目标不变。我们的目标是做80年的企业，成为全球十大网站之一，只要是商人就一定要用阿里巴巴。

我们的使命不变。让天下没有难做的生意。

我们的价值观不变。客户第一，团队合作，拥抱变化，诚信，激情，敬业。

为了实现我们的目标和使命，我们的策略要不断变化。去年和前年，我们的策略是利用国际资本，迅速开拓海外市场，同时利用国际资本，培养中国电子商务市场。

提要

市场是瞬息万变的，企业必须要跟着市场变化，否则就要被淘汰，但是企业如果只是追随市场，而不能创造市场，最终也要被市场抛弃。因此真正能在市场胜出的企业，应该是有所变、有所不变，有所为、有所不为的。

启示录

可能这世界上唯一不变的东西就是改变，但原则性的东西是不能改变的。在变与不变之间，马云掌握着原则性和灵活性的统一。

这种统一是中国人的一种传统的中庸智慧，马云就非常擅长用这种智慧来做事业。

首先，要根据市场变化来不断调整企业的策略，这是变化的智慧。

其次，坚持住企业的价值观，凝聚住团队的激情，这是不变的智慧。

变是生存所需，任何创业者必是从"变"开始，"穷则变，变则通，通则久"。市场永远充满着机会，必须主动地去捕捉，否则就会淹没在竞争的汪洋大海之中。阿里巴巴收购中国雅虎，免费推广淘宝网，每一个变化策略都获得了巨大的成功，这就是变的作用。别人收费，我就免费；别人抢占城市，我就发展农村，结果就是因变而生存。但要想长久地生存就要有不变的愿景和价值观，这些不变的要素要沉淀成一种文化，来凝聚住团队。

很多民营企业经常上演"你方唱罢我登场""各领风骚十几年"的情况，就是因为没有一个持久的、稳定的，可以几十年都不变的愿景、使命、价值观。马云创业伊始，就敢说，他的企业要做80年，这不是指他希望企业能生存80年，而是说他有一个可以80年不变的愿景、使命和价值观，具备了这些，别说80年，就是成为百年名企也未尝不可。

如果想走得够远，就要把目标定得够高。

最适合自己的模式

马云如是说

我们的网站是被大家批评得最多的一个：你们的交易怎么样？你们的信誉怎么样？你们的模式行不行？他们认为阿里巴巴模式不行，是因为在纳斯达克上没有像阿里巴巴这样的模式。今天，有这样模式的公司都关门了，我们倒越活越好了。我们不听投资者的，不看媒体，我们也不听互联网分析师的。我看见这些分析师就头疼，互联网走了只有5年，他们分析起来好像50年以前他们就很懂似的，而事实上他们也没有几个人真正在网络公司干过。

模式是什么？模式是指把成功的经验取出来，放到其他地方也可以拷贝和尝试，今天的互联网没有成功的模式，只有失败的模式，现在任何一家网络公司都不能说有成功的模式，世界上没有最好的模式，只有最适合自己的模式。

提要

到目前为止，互联网还是一个新行业，还处于一种探索阶段。因此，不能认为某一个企业成功了，就说这个企业所代表的模式成功了。在互联网企业里，失败的教训远远比成功的经验要多很多。

"失败是成功之母"，新生事物总是在不断的失败中逐渐成长起来的。

启示录

当专家、学者、创业者都津津乐道于各种互联网的赢利模式的时候，马云却语出惊人，声称互联网没有成功的模式，只有失败的模式。

别人看到的是成功，马云看到的是失败。从成功的经验中只能得到简单地复制，而从失败的模式却可以得到切肤之痛的教训。

马云从来都不相信所谓"专家"的话，就像他说的："互联网走了只有5年，他们分析起来好像50年以前他们就很懂似的，而事实上他们也没有几个人真正在网络公司干过。"实践出真知，创业者如果只盲从"专家"的建议，而不去亲自实践，是不可能创业成功的。而这样的伪专家有很多很多。

做最适合自己的企业，不要让别人的成功模式将自己束缚住，因为"世间没有完全相同的两片树叶"。模式没有好坏之分，能赚钱的就是适合自己的，适合自己的就是最好的。鞋合不合脚，只有穿了才知道。古人说得好："纸上得来终觉浅，绝知此事要躬行"。

一流的方案交给三流的人去执行，不如让一流的人来执行三流的方案。成败不是分析出来的，是做出来的。

无招胜有招

马云如是说

我没有理念，不懂技术；我没有计划，没有钱，这可能是我能活下来的最好的理由。我推荐员工去哈佛商学院学习，不希望他们能记住什么理念，如果记住了，那么他们得忘掉，从国内的实际状况出发，再来做。兵荒马乱的时候，毛泽东没有理论，没有计划，他只是走到哪里算哪里，能够无招胜有招，他知道别人最强的地方就是他最弱的地方。

提要

马云对自己的定位非常明确，"不是一个技术专家"，他清楚自己是一个要做大事的领路人，是资金、市场、技术三方面的协调者。他不做具体工作，只做战略层面的，他知道哪些应该自己做，哪些应该由他的团队解决。

启示录

马云，一个不懂技术，没有计划，也缺乏资金的人，却建成了一个庞大的互联网帝国。这证明了，对创业者来说，最重要的不是详细完备的创业计划书，也不是高端复杂的先进技术，更不是大把的资金，最重要的是领导企业生存的能力。创业最先解决的是生存，一个公司从成立的那天开始就意味着支出，一个创业者首先想的就是如何弥补支出和亏损，如何打破坚冰，破浪前行。正如一句商界流行的话所说的："企业的目的就是死亡，企业家的责任就是尽可能地延迟企业的死亡。"

　　一个技术专家，可能养活自己没问题，但让他来养活一个企业，就是不现实的。有时再完美的计划也只是空中楼阁，面对复杂万变的市场，必须要随机应变。马云就强调，他最大的目标就是求生存。一个企业连生存都成为问题，理想就是空谈，所以在阿里巴巴困难的时候，马云告诉大家一起节省，先存活下来。当阿里巴巴崛起的时候，他也不惜花重金投资在人才身上。正是这种同甘共苦的精神凝聚了一个强大的团队，而马云也凭借这个团队实现了企业的一步步提升。

　　领导者的领导能力，是决定一个企业能走多远的关键因素。

模式是最次要的

马云如是说

电子商务到底是什么？这两年电子商务出现了很多类型：B2B、B2C、C2C……前年，我们公司提出了自己的想法：巩固邓小平同志说的话——不管黑猫白猫，能捉老鼠就是好猫。阿里巴巴认为B2B的模式并不重要，今天的互联网没有成功的模式，只有失败的模式。因为雅虎成功了，eBay成功了，所以有人就说互联网模式成功了，但今天失败的互联网模式也可以总结出很多，几乎所有的公司都失败过。模式最简单，奥运会10米跳水，跳起来在空中转两三个圈，然后跳到水里，不出现水花就算冠军。但是说说容易，做起来完全不是那么回事。

为什么在温州做小家电、做开关的企业那么多，有些成功了，有些却不成功？因为模式一样，做起来却不一样。这两年互联网、电子商务行业谈得太多的是模式，谈得太少的是到底能给企业带来什么，到底能做什么。

提要

2001年，马云在温州重申了自己对电子商务的看法。他抛弃了互联网行业通用的模式分析法，重视更为本质的价值理念。2001年正是互联网的冬天，很多互联网企业纷纷倒闭，模式好的、模式差的都难逃厄运。马云在这种环境下抛弃模式论，可谓正逢其时。

启示录

马云在失败的时候也认为自己会成功。这是因为他的自信和独到眼光。

当互联网冬天来临的时候，人们都在分析阿里巴巴到底能坚持多久。分析的根据就是模式，B2B、B2C这些既有的网络模式还能坚持多久，还有多少未来。马云的聪明之处就在于，他不去分析模式，他完全抛弃人们的固定思维，直接寻找本质，就是这个互联网企业到底能给它的客户带来多少利益。不管什么模式，只要是客户需要的，企业就能生存；模式再精致，客户不需要也没有任何意义。

企业的成功和失败不是讨论出来的，也不是模式决定的，雅虎成功了，不是因为它模式好，而是因为它有价值；eBay成功了，也不是因为它模式好，是因为电子商务的确能给人带来利益。马云巧妙地引用邓小平的话，告诉大家都不要再争论了，只有集中精力去捉"老鼠"才是最要紧的。马云讲过，世界上只有一件事情是人们乐此不疲的，就是赚钱。而世界上也有一件事是最有"钱途"的，就是帮助人们赚钱。阿里巴巴做的就是这样一件事，不管它是什么模式，它的确帮助人们赚到了钱，获得了利益。这就是阿里巴巴的价值所在，也是阿里巴巴生存的基点。

"模式一样，未必做起来就一样。"这句话包含着两层意思：一个是怎么去做，一个是什么人去做。当然结果也就会因此不同。

"三子登科"

马云如是说

做骗子的时候也是有的——我们可能是中国最早做互联网的,当年中国还没有互联网时,我们已经成立一家公司做互联网了。人家觉得这是在讲述一个不存在的东西。而且我自己学的不是计算机,对电脑几乎是不懂的,所以一个不懂电脑的人告诉别人有着这么一个神秘的网络,大家听晕了,我也说疯了。最后有些人认为我是个骗子。我记得第一次上中央电视台是1995年,编导跟一个记者说,这个人看上去就不像是一个好人!

那时我们在拼命地推广互联网,在最疯狂的时候我们开始"烧钱"。别人一定会认为:做电子商务的人只会烧钱,不会干事。所以那时候我们被当作疯子。现在是傻子——这两年你看我们非常执着,我们在做这个公司的时候,是不在乎别人怎么看的。我永远只在乎我的客户怎么看,只在乎我的员工怎么看,其他人讲的我都不听。所以人家说你这个人特傻,人家都转型了,你为什么不转型?

提要

这是2003年马云接受《财富人生》采访的时候说的一番话。社会上因此对马云有了新的形容词——"三子登科",即"骗子、疯子、傻子"。面对公众的嘲弄和质疑，马云却从来没有怀疑过自己，一如既往地坚守着自己的目标，风雨无阻。

启示录

谈及创业经历，马云这样自我形容：刚开始做电子商务网站的时候，别人都说你是骗子；拼命烧钱的时候，是疯子；现在如果还做电子商务网站，那是傻子。

马云不懂电脑技术，却给人们讲述网络的前途。那时候，大多数人还没有接触过网络，对马云的侃侃而谈都不知所云，但马云却坚信网络这一新生事物有着光明的未来。这就是马云的与众不同之处，他能看到别人看不到的东西，能看出别人看不出的前景。

为什么别人说他是骗子？因为别人看不了他那么远。为什么别人说他是疯子？因为他做的事别人看不明白。为什么别人说他是傻子？因为别人认为正确的话他不听。而这就是马云的智慧所在：做一件事情，未必要有经验，但一定要有眼光。经验一学就会，但眼光却是一种智慧。马云的眼光在于他坚信电子商务给人们带来的利益，所以即使人们说他是"骗子、疯子、傻子"，他也不在乎，他很清楚自己在做什么。就像一个布道者，无论世人怎样羞辱、刁难，他都能坚持普传福音的信念。可以说，马云对电子商务的虔诚，如同基督徒对耶稣的信仰。

因为坚信所以执着，因为执着所以最终成功！

东学为体，西学为用

马云如是说

东方企业很大的特点是宁为鸡头，不为凤尾。但东方人的企业只会老，不会大。西方企业的模式非常好。西方企业人才、市场、资本的运作模式等是东方人要学习的。只有这样我们的企业才能迅速开拓海外市场，在海外开拓品牌，墙内开花墙外香，让海外人知道阿里巴巴，让海外人用阿里巴巴，把海外的买家先聚集起来，然后再打到国内来。这个计划做得不错。

我们在海外发展的时候，花了很多心思，我们不懂市场，就把世界上最好的市场人才请来；不懂技术，就把雅虎搜索的发明人吴炯请来；不懂财务，就把蔡崇信请来当CFO；不懂管理，就把在亚太地区做过16年高级总监的人请到阿里巴巴来管理这家公司。我们把最优秀的人才都请来了。

提要

马云知道，想做全球化的公司，少不了要用优秀的西方公司人才，因此马云挖来了在通用电气公司（简称"GE"）担任要职15年的关明生担任阿里巴巴的COO，又打动了蔡崇信，让他甘愿放弃美国一家投资公司副总裁的职位，进入了阿里巴巴；马云的CTO是雅虎搜索的首席技术官。这些优秀的人才之所以能够团结在马云的身边，就是因为马云是一个有着典型的东方智慧的人。

启示录

牛根生说，"财散人聚，财聚人散"。马云认为，小企业靠经营，大企业靠做人。这些都是东方的智慧。在西方社会，如果只拿几百元的工资，是很少能招聘到这样优秀的人才的。但是在东方社会却可以，因为东方的文化有融合的中庸之道，马云这个CEO在阿里巴巴的作用就是中和优秀的人才，使他们能团结在一起，拧成一股绳做事情。

马云把这些优秀的人凝聚到一起，说过一句充满东方智慧的话："我不是让这帮人跟着我走，而是我跟着他们走。"马云每年都要向这些精英汇报下一年度的目标，这些目标里面的内容很多来自他们的提议。

马云有着完美的人才分享理念，所以他不懂技术，可以请技术专家来；不懂管理，可以请管理专家来；不懂财务，可以请财务专家来。马云这个CEO是为他们服务的。马云对阿里巴巴最大的贡献是营造了优秀的企业文化，一个兼容并包、体现着浓浓的东方智慧的企业文化。这个文化可以融合一切优秀的人才，不管是技术精英还是管理精英都可以在这里找到适合自己的平台。

马云把自己对人生和事业的感悟融汇在了阿里巴巴的经营里，把西方的经营理念浇铸在阿里巴巴这个大熔炉里，使阿里巴巴不断绽放和收获。

杜绝加班文化

马云如是说

我们要求员工晚上7点之后全部离开公司。虽然公司这样规定，但是还有员工一直工作到晚上九十点才离开。为了能让大家尽早回家，我们还取消晚餐，否则，肚子饿了，就得自己去买。

同时我们对作息时间也做了相应的调整，早晨8点30分上班，如果迟到了，就麻烦了。公司上班时间调整有着很重要的意义，这说明公司由艰苦创业阶段开始转入强调工作效率的新阶段。

提要

阿里巴巴进入正常发展轨道之后，马云就清醒地看到，公司的发展不在于团队的规模，而在于团队的效率。这时候，马云就对公司工作时间进行了相应调整，反对加班文化，强调工作效率。

启示录

毛泽东是一个伟大的战略家，毛泽东喜欢用分类、分阶段的方法思考问题，他把战争分成不同阶段，在不同阶段采取不同策略。比如，他把抗日战争分成防御阶段、相持阶段和反攻阶段。马云也把公司发展进程分成了创业阶段和发展阶段。创业阶段过去后，更艰巨的任务就是发展，发展阶段要重视工作效率。如果大家都能在规定的时间内把工作完成，完全没有必要加班加点去工作。首先，这样会让员工休息不好，影响第二天的工作效率；其次，加班过多，体现不出公司的人性化管理，会使员工充满怨言。

因此，马云在创业阶段带头加班，而且让自己的老婆给大家做夜宵，但在公司发展阶段就不鼓励加班，这就是不同的阶段要实行不同的策略。

马云总是宏观地去看问题，这样能把问题的全貌看清楚。我们看马云独特的不加班策略，就可以感觉到他是喜欢用阶段论、分类法来分析问题的，这就可以使他掌握住事物发展的趋势和方向，然后再把趋势分解成阶段，就能制定出看似新奇、却符合客观情况的策略。

老员工是最大的财富

马云如是说

我认为公司里最大的财富是老员工，我的COO，毕业于伦敦商学院，在通用电气公司工作了15年，在BTR工作了6年。他的经验告诉我们，MBA教育必须和实战结合，必须有实践经验才能获得成功。

千兵易得，一将难求，我们要培养的是一个领导人。中国有五千年的文化，我们一直以人为本，如果把"人"抛弃了，纯粹是中国时代的一套肯定不行。大家可以想象，今天全世界这么多.com里，纯MBA建立起来的公司并不多。

提要

马云在创业伊始，曾经招聘过MBA，但是效果并不理想，此后，马云对MBA就不再迷信。所以，马云在招聘的时候，经常说精英未必能干事情。他所指的"精英"，其实是指那些拥有炫目背景的夸夸其谈之辈。

启示录

马云用人重视实践能力，因为企业要不断地解决新问题。所以马云说："教授总认为自己是最好的，但是你觉得商学院的客户是谁？是我们这些企业和用人单位，企业的声音要听！"

尽管马云是教师出身，尽管他经常口若悬河，理论功底极为深厚，但是他却不喜欢那些所谓的分析师、专家、学者的分析和理论。他更重视实践精神，因为赚钱是分析不出来的。做事做得好不好，也只有做了之后，才会知道。单凭理论分析，有时候会与实际情况大相径庭。

中国的很多企业家都迷信高学历，等高薪聘来"海归"、MBA后，却往往发觉企业不但没有进一步发展，反而增加了不稳定因素。很多MBA毕业的学生都是在学校直接学了一些先进的理念后就在阿里巴巴直接应用，结果水土不服。

很多民营企业的老板把公司做大之后，就发觉管理上开始出现短板。于是请了一些自认为喝过很多墨水的高级人才说教，甚至加盟，花了大量的现金，不但没对公司起到一些帮助，反而使公司内部出现混乱。

但是要注意，不迷信MBA并不是排斥MBA，MBA是高级人才，马云同样用高级人才，但是他用的是实战经验非常丰富的高级人才。

培养员工也是一种投资

马云如是说

现在很多互联网企业是在裁员发展，我们却在扩大发展。我们的目标是在全面的发展中赚一块钱，也就是说，如果我们整年投资800万美元，我们要赚800万零一美元。事实上，到现在为止，我们的确运转良好，员工人数不断增加，而且我们还要不断地招。

有人说为什么阿里巴巴还要招工？我们认为员工是公司最好的财富，有共同的价值观和企业文化的员工是公司最大的财富。比如今天银行利息是两个百分点，如果把这笔钱投在员工身上，让他们得到培训，那么员工创造的财富远远不止两个百分点。我们去年在广告上没有花钱，但在培训上花了几百万。

提要

2002年，马云的战略是企业能坚持下去，他知道在互联网的冬天是不能扩张的，坚持的目的就是稳定人心。在马云看来，阿里巴巴的员工才是最大的财富，所以他不惜花重金对员工进行系统培训。

启示录

很多企业家都有过惨痛的经历，就是在公司出现困难的时候，员工会很快离心离德。马云的公司在其他企业纷纷倒下的时候还能茁壮成长，就是因为马云一直认为员工是最好的财富。他不仅对媒体这样说，而且对客户也这样说，别的公司都把客户当做财神，而马云却把员工当成财神。

有这样的精神和理念，毫无疑问，员工会对阿里巴巴忠诚相随。但仅有此还不够，马云给员工创造的是自我发展的机会。

为什么员工留在阿里巴巴不走？因为在这里他们能获得自我价值的提升，能获得自我的更快发展。根据马斯洛动机论，需要有高低层次的不同，首先是生理需要，然后是安全、爱和归属、尊重的需要，最后是自我实现的需要。

马云在企业困难时期，不是通过外在的东西，如投放广告，来宣传公司，而是注重内在的东西，如员工的培训，这是马云与众不同的智慧所在。在其他人看来，当企业困难的时候，要去更加努力地开拓市场、寻找客户，但是马云却不是这样，他清楚地知道，互联网大环境不好的时候，再怎么推广，对销售也起不到很大的作用。这时最要紧的是团结住员工，只有团结住员工，公司才不会散；也只有团结住员工，员工才会发挥自己的最大主动性帮助公司渡过难关。所以马云把钱都花在了员工培训上，而且那时一花就是几百万元。

精英团队未必是最好的团队

马云如是说

今天的阿里巴巴，我们不希望用精英团队。如果全是精英在一起肯定做不好事情。我们都是平凡的人，平凡的人在一起做一些不平凡的事，这就是团队精神。

读书时我从来就没进过前三名，也没滑过15名以下。总是在这个区域里。我现在也特别喜欢那种中等偏上的毕业生。因为读书特别好的前三名，往往特别能读书，未必能做事，他们出了社会以后，还是想做前三名，那很难。特别差的也不行。

提要

2003年，互联网的冬天已经接近尾声，此时的马云依然强调不用精英团队。因为，第一，精英团队费用太高，此时阿里巴巴是收缩战略；第二，精英团队容易出现水土不服；第三，平凡的团队经过锻炼之后，能做出不平凡的事情。

启示录

企业要在不同发展阶段采取不同的人才策略，要寻找最合适的人，而不是寻找最好的人。对于马云来说，合适的人就是认可阿里巴巴的理念和价值观，而且还有能力给阿里巴巴带来效益的人。

马云用人不用太优秀的，也不用太差劲的，他只用中上等的人。这样的人容易被塑造，而且品德和能力经过一段时间的培训可以塑造成阿里巴巴需要的模样。一般而言，能力强的，往往个性也很强，像孙悟空一样，如果没有控制他的"紧箍咒"，稍不顺意，他就可能来个大闹天空。孙悟空式的人物不宜多，一两个足够了，多了容易互相争斗，造成内耗。但是对于一个公司而言，沙僧式的人物也不能多，只有忠诚度，却没有什么能力，对公司的发展也没有帮助。那么需要得最多的就是那种可塑性强的，不是太突出的，也不是太差的，这就是中等偏上的人才。

所以马云曾经说，他选人才的时候，有两个尺度：一个是价值观，一个是业绩。哪个方面不合适了，都要砍掉，绝不留情。

很多人用人之时，不知道用有德者还是有才者。马云认为，两个品质没必要分开，德才兼备的最好。但是事实是德才兼备的人才太少。马云的诀窍就是把有潜质的人培养成德才兼备的人。

创业者选择人才应该以能否推动公司发展为标准，不要看光环、背景、学历，也不要看曾经的辉煌。大海里的鲨鱼来小河里是不合适的，而小河里的鲤鱼却有可能一跃跳龙门。

凝聚力不够是领导的责任

马云如是说

我每次招聘员工的时候都跟他们说不是为我工作。我不希望我的团队为我工作，而是为一个大家共同的理想去工作。你要找找有没有一群人，为了一个梦想，愿意牺牲一切。具有凝聚力的团队是要在有共同目标的情况下，坦诚相待。不要欺骗你的员工，你可以不告诉他们一些事情，但是不要欺骗他们。有一些事情他们知道没有什么好处，弄得他们很担心，什么都做不了。但是作为一个CEO，你要扛起这个压力。

要经常鼓励团队。我跟大家讲，如果你的团队凝聚力不强，问题不在你的团队，而在你。你没有明确目标，没有去鼓励他们，别人取得成绩的时候你要去鼓励；别人做得不对的时候，你要去指导。

提要

这是2005年马云在广州的"网商论坛"上的演讲。马云强调了自己公司的团队凝聚力，他这样讲的目的是传播在阿里巴巴每个人都把诚信放在第一位的理念。阿里巴巴由马云掌舵，他对团队的员工承担责任，而阿里巴巴的团队对客户承担责任。此时，互联网的冬天已经过去，网商企业迅速崛起，马云趁热打铁，来宣传自己公司的凝聚力，阐释阿里巴巴的凝聚力。

启示录

马云演讲的时候，一向喜欢向客户兜售自己做公司的理念，包括公司的目标、用人，以及公司的文化。这是马云提升客户信任度的一种手段。

马云有一批忠实的客户，也有一个高度忠诚的团队，在社会上还有一批粉丝。那么马云的魅力是怎么炼成的呢？

马云说，作为一个领导者，要自己能承担前进的压力和责任，能成为公司和客户的指路灯。在黑暗的时候，他能看到黎明，在阳光明媚的时候，他却想应该怎么应对黑夜。他的眼光总是看得比别人远。

在管理学上有句话说得好：如果你的团队凝聚力不强，问题不在你的团队，而在你。因为一个公司的文化更大程度上体现的是公司领导者的精神，公司的领导者怎么做人，就体现在公司的经营管理上。有一本管理书籍叫《第五项修炼》，说要修炼自己的领导力，就要先修炼自己的内心。把自己的内心修炼好了，做人做到位了，那么你的精神自然会体现在团队的管理中、与客户的互动中，一切就会有序进行。

活下来的秘诀

马云如是说

1995年和1996年我们能够活下来主要有三大原因。

第一个原因是我们没有钱。当时创业的时候我只有两万块钱，每花一分钱都非常非常小心，如果不小心，明天可能就关门了。往往犯错误是因为有钱了。现在阿里巴巴很有钱，但是我们习惯了非常小心，阿里巴巴公司以"小气"而骄傲。花每一分钱都要问为什么花钱，花下去有没有效果。

第二个原因是因为不懂技术。我是一个不懂技术的人。如果我们现在做一个网络技术测试，在座的人里，我会排在倒数10名之内。但这并不重要。正因为不懂技术，我把懂技术的人请来，尊重他们，让他们发挥。有些技术人员编好一个程序，设计好一个软件的时候，非常激动。我说激动也没用，如果我不会用，85%的人都不会用，还是得扔掉；如果我会用，大多数人才会用。我变成了公司的质量管理员。所以为什么阿里巴巴能迅速发展？因为我们的产品操作起来很简单。

第三个原因是我们不做计划。到目前为止，我们没有写过一本商业计划书。我们觉得不断改变是最好的计划。在互联网发展速度这么快的情况下，谁也不敢预测互联网三年以后会怎样。

提要

马云擅长逆向思维，其逻辑总是跟别人不一样。在2001年，互联网行业出现倒闭风潮，甚至网易都被暂时停牌。马云庆幸自己没有上市，庆幸自己没有钱，没有计划，甚至庆幸自己不懂技术。不是因为没有技术、资金、计划是好事，而是因为这样对于一个创业的公司而言，在市场上会更加机动灵活，面对开支会更加谨慎，面对技术的审查会更加严苛。因此，生命力也会更强。

启示录

马云所说的能活下来的三大原因实际是节省、严苛和灵活。

为什么马云不做计划？马云认为没有计划才是最好的计划，但不要理解为不断改变才是最好的计划。一个计划在不断改变的时候，恰好证明了其方向是不明确的。

创业之初的马云尽管对电子商务充满信心，但是怎么做他内心却一直很模糊。不制订计划是因为根本就无法制订计划。他还不能确定电子商务三五年后到底是什么样子。马云和阿里巴巴团队一直在摸索着，一个摸索的公司无所谓成功和失败，因为它一直在生存线上挣扎。

越是危机时刻，规模越大的公司越容易倒闭。因为支出不会缩减，但是收入却会受影响。而规模小的公司则比较灵活，本身就没多大支出，一点钱就能养活员工。所以阿里巴巴公司在1995年和1996年能够活下来的一大原因就是当时规模比较小，从而就没有陷入盲目自信、盲目扩张的陷阱。

"高山仰止，景行行止"，眼望着高山，顺着大路往前走，不断地在小的方面进行调整，而目标却坚定不移。与其说马云是一个企业家，不如说他是一个哲学家，他在用哲学的理念来经营企业。

不会有第八家公司

马云如是说

你觉得好就是好，你觉得好就会越来越好，所以我们有7家公司的布局：第一是B2B，第二是淘宝网，第三是支付宝，第四是中国雅虎，第五是口碑网，第六是阿里妈妈，第七是阿里软件。我们不会有第八家公司，除非他们把我给开除了。我们到目前为止经营状态还是不错的。

我们希望在10年内能超过沃尔玛成为全球零售业的老大，沃尔玛在中国2006年全年的销售总额是7亿，淘宝网要做到这样非常困难。我们发现，沃尔玛在不断创造奇迹的过程中，制造了很多形态。在20世纪他们是为制造业做订制，但现在出现了互联网和淘宝以后，我们将逐步实现为消费者订制个性化产品。

提要

这是马云在2008年"网商论坛"上的演讲，面对客户的担心，马云给他们吃了一颗定心丸，承诺只做7家公司，进行战略收缩，绝对不会扩张。马云既给客户展现了远大前景，又没让客户对阿里巴巴产生"好高骛远"的质疑。

启示录

马云强调了两点：第一，不盲目扩张，只做7家公司。这7家公司包括目前的B2B、支付宝、中国雅虎、口碑网、阿里妈妈等。第二，前景诱人，向沃尔玛学习，为消费者做订制，这将是一个大趋势。

这是马云在2008年的"网商论坛"上讲的，他面对的听众是自己的客户。他清楚客户担心的是什么，需要的是什么。所以他总是能第一时间来解决这些问题，做到未雨绸缪。

每次马云讲话，都是讲大战略、大事情、大目标，都有着鼓舞人心、振奋士气的效果。马云靠着自己独特的思维，推广阿里巴巴的理念，向客户推广，向员工推广，使阿里巴巴在人们心中保持着伟大的形象。

马云的眼光总是看得长远，他从沃尔玛为企业做订制的策略，看出了个性化的时代——为消费者做订制的时机即将到来。而这个趋势，目前还没有人关注。

马云一向是行业的开拓者和领路人，这一次，他要让C2C领域的领头羊淘宝网开辟为消费者做订制的新时代，他的梦想是将淘宝网做成一个网络的沃尔玛。

第二章

精神——做自己的救世主

诚信精神是第一位的

马云如是说

简单的背后首先是信任。没有诚信体系，做不到简单。阿里巴巴现在处理消费者退货需求时，信用好的直接退，钱几秒钟直接到账。基于信用体系，几秒钟退款，这比额外请一堆客服，证明这证明那的成本低。前提是我知道你的信用，而且破坏信用的成本太高，人们轻易不敢去破坏。

提要

马云是很讲究诚信精神的，整个网络体系缺乏的就是诚信，所以，马云总喜欢把诚信拿出来说事，处处兜售诚信，因为阿里巴巴吸引客户和消费者的根本就是诚信。没有诚信，支付宝也不能做，淘宝、天猫都做不起来。诚信是马云创业之初就强调的一种精神，因为他的公司无诚信则不能生存。

启示录

我们看马云的演讲，几乎处处都在讲诚信。因为在互联网时代，阿里巴巴是依托互联网而生存的，诚信是阿里生存的必要条件。支付宝就是为解决诚信问题而生的，如果没有诚信，阿里的所有交易都不能实现。马云深知社会诚信体系越健全，阿里巴巴的基石越牢固。所以，马云去任何地方都宣传诚信，马云的诚信与商业模式关系很大。马云所讲的诚信是一种经商的精神，一种契约规则。他嘴里的诚信与我们平时的诚实还是有很大区别的，诚实是有一说一，而诚信重在信，是一种商业承诺，一种商业规则。这种规则建立起来，才能保证消费者和商家的利益，也才能使阿里巴巴健康有序地运行。

永不放弃

马云如是说

第一，想清楚梦想后，要确定该做什么，而不是能做什么。还要懂得舍弃，每个人都要舍得，关键的时候，需要后退一步。

第二，今天要向李嘉诚学习，他永远是将钱放在桌子上、跟别人分享的人。在关键时刻，做舍得的决定是很重要的，平时谁都敢说，但关键时刻谁敢去做？往往公司遇到重大困难的时刻就是该做些什么的时候。

很多企业如果两年内还未打开市场，就会后悔以前的决定。阿里巴巴有今天，很重要的一点是9年以来，我们只做电子商务，没有进入过其他的领域，如果说当初是为了赚钱，或者是为了套现，我们完全可以进入到短信或者是网游市场。但"起大早赶晚集"是很危险的，所以9年中，我自己跟自己讲：反正已经是9年了，不在乎再熬90年了。有这样的心态，才有可能前进。

提要

马云一直强调只有自己能救自己，就是失败的时候，你要自己承担；成功的时候，你也要自己判断。没有任何人可以帮助你。自己要学会选择和放弃。这段话是马云在2008年"网商论坛"上的一段演讲，他以哲学的思维来告诉人们选择和放弃的智慧。

启示录

马云说，很多企业如果两年内还打不开市场，就会后悔以前的决定，而阿里巴巴能够成功，是因为9年来坚持走电子商务。

马云说得没有错，如果一个企业在两年内打不开市场，就会考虑退缩，如果一个职业经理人在两年内做不出应有的业绩，很快就会被老板开掉。中国的企业大都急功近利，而马云却能够这样坚持。

我们看山西的煤老板、温州的大富豪组成了炒房团，用剩余的资金搅动着股市和房产市场，却没有将钱用于自己企业的技术改造和产业升级。中国可以诞生富豪，却很少诞生优秀的企业家。因为富豪是为自己赚钱，让自己变富裕；而优秀的企业家却是为大家赚钱，让大家一起变富裕。

做富豪容易，做企业家难，马云把股份套现，所获得的收入肯定比现在多，但是马云不这么干。因为他要做一番大事，在这种巨大的责任下做出的取舍，就有着战略意义。为什么马云每次的判断都能成功？因为他用一种社会责任的心态在判断，而很多民营企业家却是以赚钱的思维来判断，以利润的标准来衡量。

没有竞争对手是很痛苦的

马云如是说

我们真的是傻走了9年，原先很多人跟着我们，后来很多人都不干了。

我记得前段时间我在深圳跟一个客户交流。他说他们面临这么大的竞争没法生存，光做手机的企业就有几千家。我就问自己，中国有那么多人才吗？一定没有。一个月会成立1000家公司？一个月会倒闭1000家公司？所谓品牌就是别人都死了，你还活着。

我发现阿里巴巴到现在为止，没有竞争对手，我们必须培养良好的生态体系，让更多的企业参与到电子商务中来。有一点想告诉大家，阿里巴巴至今为止没有改变过最初的梦想——帮助全世界的中小型企业。这是我们的使命，这不会改变。

提要

这是马云在2008年的一段讲话。阿里巴巴上市至今，马云风光依旧，他的伟大是历经艰难熬出来的。有一种"傻走"的精神让他坚持了下去。在这期间，有的人坚持住，熬过来了；有的人坚持不住，就不干了。马云回忆往昔，有一种"十年寒窗无人问，一举成名天下知"的感慨。

启示录

马云说自己的企业没有竞争对手，是因为他这个公司一开始是无人看好的，所以进入他这个行业的人很少，导致现在他几乎没有竞争对手。

市场就是这样，一个项目如果大家看好的话，就会纷纷上马，最后导致资金过度追逐，稀释利润率。而马云的项目无人看好，自然没有人愿意涉足这个行业。

他今天能够享受到无人竞争的福果，在于他当初"傻走了9年"，马云曾在北京折戟沉沙，他的员工在草坪上痛哭流涕，最开始四年的坚持没有换回应有的回报，失败的辛酸让他的梦之队除了悲伤已经别无选择。

痛定思痛，决定再接再厉，他的梦之队选择远赴杭州，在湖畔花园重新起航。

马云和他的团队几经磨难，社会上对他也众说纷纭，但马云却坚持走自己的路。正如阿里巴巴刚上市的时候，马云讲："11月6号那天，我突然变成英雄了，而11月5号还有人说我的模式不行。11月6号上市以后股价一涨，人们都说这个公司有前途，可我还是我。"公司上市时候的伟大是熬出来的，马云具备"傻走"的精神，走了9年才熬到成功，但是谁又能看到他"傻走"时候的悲伤呢？

使命和价值观

马云如是说

那天早上克林顿夫妇请我们吃早餐。克林顿讲到一点，说美国在很多方面是领导者，有时领导者不知道该往哪儿走，没有什么引导他们，他们没有榜样可以效仿。这个时候，我问是什么让他做出决定。克林顿认为是使命感。阿里巴巴认为"让天下没有难做的生意"是一直追求的使命。现在名气最大的企业之一通用电气，它最早是做电灯泡的，它的使命是让全天下亮起来，这使GE成为全球最大的电气公司。

提要

这是2002年马云在会员见面会上的一个演讲片段。此时的阿里巴巴还是个不大的公司，但是马云就已经向别人强调自己的使命感了，强调要做大事情，要承担社会责任。

启示录

使命感是比目标更高一层的精神追求。

马云把使命定在了要给中小企业带来利益上。阿里巴巴是为中小企业服务的。不管马云的企业还剩下多少钱，不管是大还是小，他认为自己是有为广大中小企业服务的使命的。他把自己看成一个布道者，来给广大的中小企业传播福音。

所以有的人将马云精神定位为一种宗教，说阿里巴巴是"马云教"。因为教会是有使命感的。基督徒们不管在哪里，总是虔诚地信奉着耶稣；不管到哪里，碰到什么样的困难，都坚信传播教义会给人带来福音。

马云的使命是做全球最大的电子商务网站，要使每个中小企业都尝到网上交易的快乐。为这个目标，马云一遍遍告诉会员们，阿里巴巴必将成为全球最伟大的公司，加入阿里巴巴是荣耀的，而且网络经商将成为一种趋势，最先做成网商的人必将尝到最新鲜的蛋糕。

不要死在明天晚上

马云如是说

1999年，我们提出要做80年的企业。在互联网最不景气的2001年和2002年，我们在公司里面讲得最多的词就是"活着"。如果全部的互联网公司都死了，而我们还活着，我们就赢了。我永远相信只要永不放弃，我们还是有机会的。最后，我们还是坚信一点，这世界上只要有梦想，只要不断努力，只要不断学习，就有成功的那一天。今天很残酷，明天更残酷，后天会很美好，但大部分人会死在明天晚上，所以每个人都不要放弃。

提要

这是马云当选2004年CCTV中国经济年度人物的获奖感言。对马云而言，2004年是最关键的一年，这一年他的公司成立5周年了。马云第一次获得经济年度人物，激动之余，讲得更多的是坎坷，因为阿里巴巴一路走来，路上收获的不是风景，而是承担的风雨。

启示录

马云的经典名言是："只要有梦想，只要不断努力，只要不断学习，就有成功的那一天。今天很残酷，明天更残酷，后天会很美好。但大部分人会死在明天晚上，所以每个人都不要放弃。"阿里巴巴是在互联网领域活过来的为数不多的企业之一。马云决不放弃的精神和执着追求的态度在这里一览无余。

　　每年的CCTV经济年度人物评选是全国经济界的一件大事，时间不多的获奖感言，应该讲述最有意义的、印象最深刻的事情。而马云讲述的却是自己的艰难经历。磨难困苦是马云生命中最为深刻的记忆。就像孟子说的，"天将降大任于是人也，必先苦其心志，劳其筋骨，饿其体肤，空乏其身，行拂乱其所为……增益其所不能。"所以马云才用残酷来形容困难，而且残酷的时间很长，今天有，明天还有。但是他坚信后天是美好的，所以他要活下去，扛住每一天的压力。

　　"不经历风雨，怎么见彩虹"？与别人竞赛，就要有马拉松精神，坚持到最后，不用超越，只要别人都坚持不住了，那么你就是胜利者。所以马云为了要做一个伟大的公司，近乎疯狂地坚持着，以至于很多人都说他是疯子。他当了5年疯子，然后成了英雄。

拥抱痛苦

马云如是说

有一个梦想以后，你要经历每一天的痛苦、每一天的积累，没有谁一开始就会成功。这么多年来，我上过很多当，犯过无数错误，走过很多误区，经历过各种各样的事情，这是一个创业者最大的财富。不要总想我能赚多少钱，如果这样想一定很痛苦，尤其是在网上创业的。今天这里有很多成功的网商，前面三年根本没有赚钱，天天在网站上发帖子、泡论坛。我有时候很好奇，大晚上这帮人还在做什么。早上8点起来，他们又上网了。这是一种快乐，一种积累。

提要

做网商，信誉的长期积累是必要的。这个过程是必须经历的，就看你自己能不能坚持。网络信誉度本来就不高，所以信誉度的积累就需要一个长期的过程。能坚持下来的，也就成功了。

启示录

对于创业者而言，黎明到来前的漫长黑夜是必须要经历的，那么创业者应如何经历这段艰辛呢？马云的看法就是在没有成功前要享受黑夜，拥抱痛苦。

　　选择在网络上创业的人有很多，但是最后坚持下来的却寥寥无几。阿里巴巴成立之初，也有很多网站模仿。尽管人们对B2B网站一片质疑，但是还有很多小网站如雨后春笋般建立起来，可最终只有阿里巴巴走得最远。

　　曾经模仿阿里巴巴的企业甚至都直接拷贝阿里巴巴的产品，"如有问题，请与阿里巴巴联系""发生诉讼，由杭州市中级人民法院管辖"这样的服务条款都屡次出现在这些模仿者的产品服务中。对此，马云说，几年来，在全世界起码有上千家企业宣称自己和阿里巴巴提供同样的服务，不少企业甚至扬言将要取代阿里巴巴！但马云认为，交易平台最关键的就是人气、订单，阿里巴巴经过了数年的坚持，用马云的话说就是傻走了数年，这数年里经历了太多的失败和教训。阿里巴巴在长时间的摸索中积累了大量的客户资源和人气，而其他的模仿者没有创新，急功近利，是不可能成功的。

　　马云与客户的关系也经历了一个长期的磨合过程，网商要从网上赚到钱，就需要把自己的信息广泛地发上去，发得越多，发得越广，客户购买的机会才越大。但是这是一个非常持久的过程，不是今天你发了，你就能够挣到钱。这需要一两年，甚至几年的时间。有的网友开网店，最开始几年不赢利，但是坚持下来后，订单却非常多，因为长期的坚持积累了良好的口碑和信誉。

为客户提供价值

马云如是说

从开始到现在，我永远相信，电子商务只能由商人来谈，商人说有用就是有用，商人说没用，你说再好也是假的。电子商务，电子是手段，商务才是目的，你做的软件、产品，如果对商人没有价值，没有作用，即使投资者把你捧到天上，明天你还是要掉下来的。

2000年9月10日以前，我在公司里讲得最多的一句话是：forget about making more money。我和所有的员工说，不要告诉我怎么赚钱，你告诉我如何为客户提供价值，如何能对客户有用。

提要

黑暗时期必须要保持清醒，这是马云在2001年互联网寒冬时经常强调的一句话。马云看问题总是能直接透视本质，他清楚地知道，阿里巴巴的利润来源就是为客户提供价值。只有客户在阿里巴巴赚到钱了，阿里巴巴才能发展壮大。所以马云强调为客户创造价值才是第一位的。

启示录

马云不听分析师、专家或媒体的意见，但是他却非常听客户的，因为客户是阿里巴巴的生存之本。客户的需求得不到满足，客户就会流失，企业口碑就会逐渐变差，即使阿里巴巴做得再大，也会有一天"忽喇喇似大厦倾"。百度的李彦宏说百度离破产永远只有30天。为什么说只有30天？因为30天不注意客户的需求，就可能使客户流失。客户都是很实际的，哪里的服务好，就去哪里消费；谁能带来价值就跟谁合作。因此以客户的需求为核心，永远都是一个企业生存的根本。

马云知道，只要关注客户价值，只要把客户价值维护好了，那么钱总会赚到的。

一些创业者只是关注自己的利润，却没有想如何给客户提供价值。背弃客户价值的根本要求，企业在发展过程中就会变得浮躁，逐渐成为无根之木、无源之水，总有一天会被市场淘汰。

心理素质很重要

马云如是说

任何企业都处于高度危机状态，有很多网络公司告诉员工，今天好好干，明天我们上市。结果到了明天，没有上市，大家就很失望。

我们公司告诉员工，明天很残酷，大家都很努力，到了第二天大家发现并没有那么残酷，我们都很高兴。如果有灾难出现，我们都有心理承受能力。每一天，阿里巴巴的人都很勤奋，如果大家去参观一下我们杭州的总部，你们一定会很吃惊，我们确实拥有一批非常出色的来自世界各地的优秀员工。基本上可以说，我们的心理素质还不错。

提要

马云更强调的是心理素质，整个团队的心理素质是做企业成败的关键。在阿里巴巴成长的道路上，马云不但激励自己，更激励他的团队，告诉大家永远不要放弃。

启示录

对于刚刚创立的公司，精神对团队的激励作用尤其重要。很多刚创立的企业，几乎是用宗教式的洗脑方式来团结员工的。

多数企业在初创时期都会给员工规划一个美好的蓝图。就像马云说的，大多数企业都会告诉员工，今天好好干，明天上市，结果明天没有上市，员工就会很失望。而马云的精神激励却与此相反，他会用困难先锻炼员工的心理承受力。因此阿里巴巴员工的心理素质都是很优秀的。他们在面对困境的时候，不会退却，团结一致，共渡难关。

领导者不放弃，团队不放弃，员工不放弃，都有死扛到底的精神，那么还有什么事情是做不成的呢？

但是不放弃不等于盲目地坚持，创业者一定要知道自己为什么而坚持，对自己的项目必须有准确而清晰的判断力，只是为了坚持而坚持，结局注定是失败的。

马云的坚持是因为他永远知道自己要做什么。

他的理想是建立全球最大的B2B电子商务网站，他意识到中国存在着大量的中小企业，这些企业需要电子商务的服务，而西方的大企业集团比较多，而且都有自己成熟稳定的销售渠道，因此阿里巴巴可以在中国生根发芽并长大。很多人认为马云的成功是因为坚持，其实坚持的背后还有独到的判断。

连自己都不清楚的坚持，不仅仅是浪费时间，而且也坚持不了太久，这种坚持没有内心的推动力，容易动摇。因此，想磨炼韧性，首要的是修炼自己的内心。

"我能"

马云如是说

现在网络开始复苏，竞争会越来越激烈，越来越残酷。在我们周围会产生许多竞争者。我们要向竞争者学习，要尊重对方。越来越多的人关注我们，抄袭我们，大家不用紧张，抄袭是不会成功的。我们要尊重对手，选择优秀的竞争对手，如果把理智的竞争对手打成无赖，我们就成功了！我们希望在最困难的时候能对自己说："我能！"

提要

2004年，是阿里巴巴强劲增长的时期。马云回顾自己的经历时，感慨自信是他能熬过困境的法宝。马云不仅自信，而且还把自信传递给他的团队，使阿里巴巴连创奇迹。在别人看来不可能的事情，马云的团队却做到了。马云总结秘诀就是两个字："我能。"

启示录

马云凭什么有如此强烈的自信，面对任何困难都敢说"我能"？马云真的有着常人不能比拟的才华吗？

马云自己都说，如果他能够成功，中国80%以上的青年人都能成功，马云高考了三年才考上了杭州师范学院（现在的杭州师范大学），可见马云并没有过人的天赋。但马云之所以敢夸下海口，那是因为马云有着与别人不一样的精神——比别人更加理智，更有勇气。

有时候，做事情未必需要多聪明，关键是思维要独到。有一个说法是："如果没有自己的模式，模仿别人的模式也是很好的选择。"但是马云却坚决不模仿别人，他认为抄袭对方是不会成功的。

马云认为不管对手多么强大，也有不能涉足的市场空白点。避开对手的优势，发挥自己的优势，一定能找到属于自己的"井冈山"。所以他才敢对任何困难说："我能。"马云的商业帝国之路是新的长征之路，从中国黄页开始，到阿里巴巴乃至淘宝网，每个目标的实现都是在路上摸索出来的。支撑马云在这一互联网长征中走下去的，就是他的自信精神。因为任何强大的敌人都有弱点，任何渺小的人物也都有优点。关键就在于自己的头脑怎么去想。如果还没交手，就被对方吓得草木皆兵了，那么再聪明的大脑、再强大的优势也不起作用了。

胜利要靠"扛"

马云如是说

每次打击，只要你扛过来了，就会变得更加坚强。我又想，通常期望越高，失望越大，所以我总是想明天肯定会倒霉，一定会有更倒霉的事情发生，那么明天真的有打击来了，我就不会害怕了。你除了重重地打击我，还能怎样？来吧，我都扛得住。抗打击能力强了，真正的信心也就有了。100个人创业，其中95个人连怎么死的都不知道，没有听见声音就掉下悬崖；还有4个人是你听到一声惨叫，他们掉下去了；剩下1个可能不知道为什么还活着，但也不知道明天还活不活得下来。

提要

这是马云2007年在《赢在中国》栏目中所说的话。马云对创业者的忠告就是要研究死亡的学问，提醒创业者危险随时存在，死亡随时到来。所以必须练就抗打击能力，这是马云的经验之谈。

梦想可以是创业，但是创业之路绝对不会如梦一样美丽。

启示录

抗打击能力，也是创业者必备的能力之一。

创业就有风险，就可能失败，而且有可能不止失败一次。连续的挫折会打击创业者的信心。所以马云告诉创业者们，创业不是游戏，而是时刻都会面临的死亡。在巨大的压力面前必须要有超出常人的抗打击能力。创业者要对困难有充分准备，不要盲目乐观。

创业的路上总是成功的少、失败的多，就像歌词里说的："那一天，我不得已上路，为不安分的心，为自尊地生存……路上的辛酸已融进我的眼睛……"创业为什么有这么多辛酸，因为创业都是在路上。既然选择了创业，就选择了与困难、辛酸相伴。任何一个成功的企业家都有很强的抗打击能力，都是历经坎坷才成就辉煌的。李嘉诚创业的时候，曾因为公司陷入困境而差点自杀。但是他扛过来了，在艰难困境中经历了重生。史玉柱从巅峰跌入低谷，从亿万富翁变成了亿万"负"翁，这要承担多大的压力，但他却真的像巨人一样依然屹立。抗打击能力是从不断的失败和绝望中历练出来的，就像马云说的一句话："男人的胸怀是被委屈撑大的"。

困难是不能躲避的，也不能让别人替你去扛，与其等待别人帮你承担，不如磨炼自己的心理承受力。

下一个问题会出现在哪里

马云如是说

我以前想公司大点可能老板就轻松了，但现在发觉公司越大老板越累，CEO天天想的就是危机在哪里。我会去关注公司内部的危机，有时候公司内部出现问题是好事，因为有些东西也许今天没发作，但是某一天可能会成为"癌症"。作为CEO要不断避免公司"癌变"，这个是很痛苦的。所以我觉得阿里巴巴内部有危机：电子商务的高速发展，会使其在未来5年出现井喷现象，但是阿里巴巴是不是准备好了？我们做的行业已经变成产业链了。有的时候出现不关注行业发展的现象，所以人家起来了，你就相对滑了下去，因此我非常担心我们内部的管理能不能迎合互联网的发展，我们有没有足够的人才，我们的人是不是培养好了。阿里巴巴和淘宝网越来越强大，这种强大是在现阶段强大，但是对行业，对公司非常不好，所以我提出解决这个问题的方式是建立产业链和生产链。对阿里巴巴的总裁、淘宝的总裁、支付宝的总裁，有一段时间我在会议上讲得最多的问题就是产业链和生产链。

提要

"居安思危"，2007年，马云已经有了足够的资金。他告诉所有的员工和客户，越是处于幸福之巅，就越容易跌入痛苦之谷。马云是掌舵人，他要控制住阿里巴巴发展的火候，不能沉寂，也不能井喷，火了就浇点水，冷了就泼点油。这样才能维持公司的强大生命力。

启示录

CEO的责任就是看到危机，并使企业转危为安，就是让企业不死亡。大企业家都理解这个境界，企业做到了一定规模，企业家存在的目的就是让企业不走向死亡。青岛啤酒前董事长金志国说："你看看'赢'字，首先是一个亡，战略管理首先是一个亡，战略管理首先是管理不死，再管理发展，面对危机。"

企业发展大了，支出也就大了，管理稍微不慎，就可能出现危机，正是"千里之堤，溃于蚁穴"。所以一个企业的CEO就要防微杜渐，看出企业的问题，并及时解决。

当企业开始壮大的时候，完善的客户关系已经不成问题，成问题的就是怎么去花钱。这就涉及管理艺术，著名的80后富豪李想这样描述："每笔支出签字的时候我都是胆战心惊的。"面对大把的开支，一个领导者的压力可想而知。企业规模一大，部门一多，就容易出现部门间互相扯皮、干劲不足、争相要钱的局面，钱就不会花在刀刃上。如果不加控制，这样的企业很快就会出现危机。

各个部门之间互相争利，不相互配合，打乱企业的战略，企业就很危险。所以钱多了未必是好事。马云提醒各个部门的领导，在钱多的时候，避免"糖衣炮弹"，比如任人唯亲、吃回扣现象等；在规模大了、人多的时候，避免互相推诿、各自为政的局面。企业越大，危险就越大。

马云一直是一个理智的人，他似乎可以做到"不以物喜，不以己悲"。企业面临困境，他一脸自信。在企业做到很大规模的时候，他时刻提醒自己的团队居安思危。别人看到的是胜利，他却总去看危险。因为时刻准备着应对危机，危机才不会发展到给企业带来致命打击的程度。很多企业的失败，就在于被胜利冲昏头脑，盲目扩张。

梦想破灭之后

马云如是说

　　我跟我带到北京来的6个人说："我带你们来了北京，但我要回去。我想告诉你们的是，第一，你们可以留在北京，可以加入新浪，可以加入雅虎，我可以打电话推荐，应该问题不大，工资也会非常高；第二，你们可以留在北京大机关里工作，会很稳定，工资也不错；第三，你们可以跟我回去创业，每人的工资是500元人民币。你们跟我创业，10个月内没有休息日。回到杭州后，我们上班的办公室只能在我家里，我们租不起办公室，每个人租的住房离公司只需步行五分钟，你们打不起出租车，会很穷，10个月后如果失败了，我们再各奔东西，如果没失败，我们就继续向前走，你们认真考虑三天，如果决定了告诉我。"

　　那真是不可想象的，当互联网正热的时候，他们每个人拿两三万元的月薪都是很轻松的，他们都是高手。他们这些人出去三分钟后回来了，告诉我："我们一起回家。"所以我们这些人都一起回到了杭州。在杭州，我们过得非常非常艰苦，在我家里没日没夜地干。我们的每一分钱都用得很省，大家把口袋里的钱全部放到桌子上。我们规定：第一，不许向亲戚朋友借钱，如果我们输了就是输了，别让你们的爸爸妈妈来找我，那事情就复杂了；第二，把一年的生活费留下来，其他的都放在桌子上，总共50

万元，我们估计能用到1999年的10月。

提要

1998年，马云的北京创业之路宣告终结，马云的梦想又一次破灭。在决定离开北京的前一天晚上，马云和自己的团队聚在北京的一个酒馆，边痛哭边唱起了《真心英雄》。创业之艰辛，可见一斑。

启示录

有很多人羡慕马云不服输的韧性、做事业执着的精神劲儿。好像马云的成功真的是因为执着精神。我们看马云讲的话："10个月后如果失败了，我们再各奔东西。"10个月是将近一年的时间，人生有多少青春可以这样试验，创业不是赌博。

我们再看和马云一起坚持的人："当互联网正热的时候，他们每个人拿两三万元的月薪都是很轻松的。"这样的人每月拿500元的薪水去创业，让人不可思议。除非他们认为，创业的成功给他们带来的成就感远远超出他们在其他单位工作所获得的成就感。

所以马云必须把事业做大，他不能小富即安，因为他有一支胃口很大的团队。因此，马云要做的就是世界上最大的电子商务公司。正是这样的宏伟目标、伟大愿景，才吸引了那些高手和他一起创业。

也正是这些高手的加盟，愿景才有实现的可能；也正是与这些高手一起做大事，才值得马云去执着地追求。

坚持是一种精神，不放弃是一种品质，但坚持的背后要看到底值不值得，否则坚持就是无谓的浪费。

省钱也能省出竞争力

马云如是说

其实到了1999年6月，我们已经没钱了。我们用钱很节省，必须打车的时候也只打夏利，这段时间我们没日没夜地干。那时我们在全国有两三万名会员，已经有很多人知道我们了，名气比较大了，但也有很多人猜测阿里巴巴到底在哪里。

我们最早的策略是阿里巴巴迅速进入全球市场，利用国际资本迅速开拓海外市场，同时培养中国电子商务市场。当时中国的电子商务市场炒得很热很热，但实际的东西没有什么，我们避开中国的"甲A联赛"，直接进入"世界杯"，打入海外市场。我们根本没有被看作是中国公司，很多美国人用了半天还不知道这是中国的公司做的。我们的时机掌握得不错，最后美国《商业周刊》通过各种途径分析出我们在杭州。我们不允许自己和亲戚朋友讲任何关于阿里巴巴的事，不是想保密，那时候和他们讲：我们要做80年的企业，要做世界上最大的网站，一定会被认为是疯子，因为那时下个月的工资在哪儿都还不知道呢。

美国《商业周刊》最后通过外交部，通过浙江省外办来采访我们，打开我们家门一看，吓了一跳——这就是阿里巴巴公司。我们二十几个人就睡在那边，干啊干啊。《商业周刊》记者那时看到我们很吃惊，我们倒是没觉得什么，我们是穷人的孩子，苦出身，在他们看来简直不可思议。

提要

1999年初，马云在湖畔花园召开了阿里巴巴历史上具有重要意义的一次会议。这时候，阿里巴巴刚刚组建，但是马云却坚信自己的事业一定可以成功，还专门对此次会议录了视频录像。

启示录

马云做阿里巴巴的理念是做大事，不是发大财。这与孙中山的人生思想有异曲同工之妙。孙中山在读书时候，曾经立下志向：做大事，不要做大官。唯有以大事为目标，方配称之为大志向；唯有大志向，方可立大业。

做大事之人，不怕没钱，因为做大事靠的是理念、价值观和人才，钱是次要的。阿里巴巴的目标是做全球最大的B2B网站。整个创业团队在理想的引导下，激情澎湃、夜以继日地工作，这种激情也是一种竞争力。

阿里巴巴的团队因为伟大的理想而凝聚到一起，在杭州湖畔花园里悄然起航。没有钱，阻止不了创业者的激情。二十几个人睡在一起，不分昼夜地工作。已经在海外闻名的"大公司"，却是这样简陋，唯一值得称赞的就是团队工作的激情。这激情来自于拥有同样价值观的一群人。他们对自己的信仰高度忠诚，他们为自己认可的事业奉献全部。所以他们无论历经多么艰难的过程，其成功也可以说是必然的，因为信仰的力量是无穷的。

第三章

梦想——有梦就无所畏惧

阿里帝国梦

马云如是说

2020年，我们会实现6万亿元人民币的交易额。去年我们的GMV（商品交易总额），如果按照GDP来算，相当于中国第六大省，如果幸运，我们也许在4年后就会相当于中国第一大省——广东。电子商务应该成为第五大虚拟经济实体，除了美国、中国、日本、德国。到年底，我们的GMV会看齐瑞典GDP，相当于进入top20国家。100 million jobs（1亿个工作岗位），更重要的是，我们要创造一亿个工作岗位，帮助一千万个企业。公司应该被愿景和使命驱动，每个公司都有使命，但很少有公司真正相信。在阿里巴巴，我们全身心地相信。在公司，问每一个员工，你都会发现他们发自内心地相信。全球化——全球买、全球卖，只要你有一部手机，你就可以自由买卖；你有一辆车，你可以随时分享经济；以前你的马铃薯只能卖给邻居，现在可以卖给全世界的人；你家屋顶的太阳能能够为全世界供电。

提要

这是马云在2016年的阿里巴巴投资者日大会上的讲话。什么是阿里帝国梦？就是一个公司创造的经济总量相当于一个省，甚至一个国家。

启示录

　　马云的梦想一直很大，大到普通人不敢想象。他在刚创业的时候就说要做一个全球级别的公司。当时他的目标就是全球，他从没把竞争对手放在国内，一直是放在海外的公司和团队身上。等公司上市成功了，他又把目标比向了一个省，乃至一个国家。心有多大，梦想就有多大，舞台就有多大。马云的目标大，所以，他的格局才大，所以做事的时候才能胸襟宽广，容纳人才，才能够积聚一大拨优秀的人才。马云最突出的肯定是他的口才，但是他为什么能够口若悬河，是因为他的梦想足够大。心之所想，喷薄而出，有人觉得马云在忽悠，马云对此做过解释："忽悠是自己不信，叫别人信；梦想是自己信，也叫别人信，这就是梦想和忽悠的区别。"马云是坚信自己的信念的，但是不信的人以为他在忽悠，相信的人就能看出马云的格局和战略之远大了。最终，马云还是靠事实叫大家信服了。

5年后的梦想

马云如是说

我访问全球，不是为了跟那些总统握手，而是要为5年后的事业做准备。我们对自己的承诺非常认真。很多公司在做今天的生意，我们在做未来5—10年的生意。

提要

5年一个变化，一个企业从崛起到衰落可能也就5年时间，5年意味着一个商机的循环，所以，要想5年后占领市场的企业就要在5年前做准备。马云和总统握手，不是想认识什么权贵，而是为自己的公司发展做准备，发现商业机会，拓展商业机会。

启示录

马云整日和各国政要交往，凭借的是自己阿里帝国老板的身份，但是马云和这些政要交往主要的目的是什么？不是结交权贵，因为马云说过，关系是最不靠谱的。他和这些政要交往，是想发现商业机会，拓展商业领域。因为一个国家最缺的市场，也是政要最关心的市场，只要国家领导关心什么市场，认为自己国家缺什么市场，马云的商业嗅觉自然就能闻到商机。从筹备到占领市场，需要的时间基本是3—5年，所以马云需要在5年前嗅到商业机会，提前准备。也许，他准备的时候，市场还一片空白，大家也以为人家在痴人说梦。但是等到人人都意识到的时候，商机已经没有了，马云已经占领了制高点。这就是马云的高明之处。提前拥有梦想的人才会成功，很多人只看到了成功后的繁华，却看不出成功前的梦想早已经描绘成形。

梦想在路上

马云如是说

一个偶然的机会，我到了美国。因为杭州市政府和美国投资者讨论关于高速公路的投资问题。讨论了一年的时间，都没结果，资金一直没有到位。后来他们请我去当翻译，重新去做协调。我自己感觉我的英文还不错，我的英文演讲比中文演讲还要好。我在美国做协调的过程中，有些人一直和我讲Internet，当时我根本不知道Internet是什么东西，那是在1995年3月。在后来的几次交流中仍然有人跟我讲Internet。最后我飞到西雅图，我到西雅图，一个朋友跟我说："马云，这是Internet，你试试看，不管你想搜什么东西，基本上都可以搜出来。"说实话，1995年我连电脑都不敢敲，我怕敲坏了，很贵的东西，是要赔的。他说："你试试看，没关系。"那时候Yahoo很小，搜索引擎很少很少，我敲了一个词"beer"，一下子出现了5家啤酒公司，有美国的、日本的、德国的，就是没有中国的。我很好奇地敲了个"China beer"，显示说没有，我又敲了一个"China"，还是没有，显示"no data"。我又敲了一个"China history"，在Yahoo页面上出现了一个50字的简单介绍。我觉得这很有意思，怎么会没中国的东西？

提要

每个人都梦想成功，可是，如何才能够事业成功？同样都是人，头顶同样的蓝天，脚踏同样的大地，为什么有的人月收入万元甚至数十万元、住别墅、开宝马，有的人却长期徘徊在穷困边缘？那就要叩问你的内心，你有没有事业梦想？

启示录

马云说，他的成功证明了一件事，那就是只要有创业梦想，中国80%的年轻人都能成功。

梦想牵引未来，梦想会照亮奋斗的路程，一首《在路上》唱出了多少创业者的心声：

那一天，我不得已上路

为不安分的心，为自尊地生存，为自我的证明

路上的辛酸已融进我的眼睛

心灵的困境已化作我的坚定

在路上，用我心灵的呼声

在路上，只为伴着我的人

在路上，是我生命的远行

在路上，只为温暖我的人

正如歌词里所唱的"为不安分的心，为自尊地生存，为自我的证明"，这是引导创业者的梦想，尽管创业路上风雨兼程，我们的心都会为它一如既往地坚定；尽管大部分人可能会失败，但是不屈不挠的精神依然支撑着我们的梦。有的人成功了，他收获的更多的是路上的辛酸；有的人失败了，他得到的更多的是从头再来的经验。

梦想也要独特

好的商人不在于他的梦想是否伟大，而在于他的梦想必须是独特的。任何一个成功的企业家从立志创业第一天起都会有一个奇特的梦想。很多年轻人问我如何创业，我说创业就是一句话，你愿不愿意为你的理想和梦想牺牲你的生命，牺牲你所有的东西？所以，一个奇特的梦想非常重要。比尔·盖茨曾说："我希望每个桌子上都有一台电脑，电脑里的程序都是我的。"这就是一个伟大的梦想。今天我们有一个网商梦，希望开辟网上的"沃尔玛"，这基于我们已经做了200万营业额。如果你一分钱没有，却说要做沃尔玛，我相信可能性不大。我做这个企业之前也是一点点走过来的，你在创业的第一天一定要有梦想，还要坚持这个梦想。

提要

这是2004年马云在"网商论坛"上的演讲，马云在谈到梦想的时候，谈到了梦想的独特性。独特性在没有实现之前，别人是不理解的。马云眼光犀利，总是能在不同时刻看到别人看不到的东西。

启示录

马云说："好的商人不在于他的梦想是否伟大，而在于他的梦想必须是独特的。任何一个成功的企业家从立志创业第一天起就会有一个奇特的梦想。"

马云说的奇特是指这个梦想具有创新性、前瞻性，是别人所看不到的。因为具有创新性，所以奇特；因为具有前瞻性，所以坚信必然实现。因为坚信，所以愿意为这个梦想而牺牲一切。

比尔·盖茨的梦想是希望每个桌子上都有一台电脑，电脑里的程序都是微软的。马云的梦想是每个人都用网络交易，人人都成为网商中的一员。他们都想创造历史上不曾有过的东西。

只有你的梦想是奇特的，你才可以独辟蹊径，找出市场的空白点。梦想之所以奇特，恰是因为想到了别人想不到的角度，看到了别人尚未发现的领域。

但是梦想再奇特也不能是虚无缥缈的，每一步的梦想必须是可以实现的目标。马云希望阿里巴巴做成网上的"沃尔玛"，是因为阿里巴巴2004年已经有了200万的营业额。创业者可以有雄心、有新颖的创意，但目标要现实。

愿景也是竞争力

马云如是说

我讲这个话是给公司员工一个愿景目标。2001年互联网的冬天，我告诉公司所有的同事坚持到底就是胜利；到2002年我们认为光活着不行，必须要在发展中赚一块钱，这个目标很明确，所以大家都为赚一块钱努力；到2003年，我们说一年收入100万，到年底我们确实做到了；今年我们希望一天赢利100万，这也是一个目标。从2005年开始我们希望每天能够为国家缴税100万，因为我们觉得企业首先要做到依法纳税，只有做好这个才能做好其他。

提要

愿景是一个公司的目标，公司有明确的愿景，团队工作才会有精气神。"愿景"这个词语是前美国总统老布什创造的。管理学者迈克尔·沃金斯特认为，在制定战略方向时，愿景会让员工对这件事感到兴奋不已。马云深知愿景的激励作用，所以一向把愿景看得很重，从公司创立伊始一直到现在，马云一直不断用愿景来激发团队的战斗力。

启示录

马云非常善于调动员工的积极性。马云在公司的不同阶段都能制定出适合该阶段的目标，并善于把长远目标和短期目标结合起来。在2002年，马云居然告诉员工只要赚一元钱就够了。赚一元钱对阿里巴巴来说既容易又不容易。容易的是没有利润要求只需要一元钱就够了，目的就是维持收支平衡，不要亏损；不容易的是阿里巴巴要应对巨大的网络平台和维护客户的各种支出，这些是非常庞大的财务耗损，要实现收支平衡是很困难的。只要实现了收支平衡，就证明阿里巴巴的盈利功能开始运转了，所以到了2004年，马云说，每天要赚100万，到了2005年，马云的愿景是每天给国家缴税100万。马云永远知道在什么时候定什么目标是最合适的。

目标和愿景牵引着人们的未来。马云经常告诉大家他们的目标如何如何。这是马云巧妙利用愿景来调动员工积极性的一种方法。对于创业者来说，既要团结自己的团队，也要经常给团队讲述目标和愿景，并且要制定不同阶段的目标，使团队明白他们是在做一件非常有前途的事情，而且自己的能力也恰好是可以胜任的。员工达到这样一种适度的心理状态，对企业而言也是最佳状态。

奋斗是一种幸福

马云如是说

时间将证明一切，我有信心，最重要的是我们知道自己在做什么。而且幸运的是，未来互联网产业会比较坚挺并且充满希望。我们都很平庸，好在我们有梦想，一旦有了梦想，我们将无所畏惧。

提要

创业者要有梦想，马云创业的时候，每天只睡两三个小时，工作起来照样充满激情、精神饱满，因为有梦想的创业者，是幸福的。人生真正的乐趣是在奋斗之中，为梦想而奋斗，身体上再苦，精神上也是快乐的。

启示录

马云是一个理想主义者，对他而言，赚钱不是最重要的，最重要的是有梦想。马云还把自己的梦想分享给每个员工，每个进入阿里巴巴的人都要接受公司的价值观培训。

有人这样评价马云："回过头来看，3年后，马云的梦想没有变，5年后，马云的梦想没有变，8年后，马云的梦想没有变。唯一的变化是他离自己的梦想越来越近了。"

马云在创业之初，就对团队说，我们的企业最少要做一个80年的网站，要做世界上最大的电子商务网站。马云是幸福的，他的幸福在于他有一个伟大的梦想，并为此不懈追求。当淘宝网的交易量已经达到400亿的时候，有的员工认为淘宝网是个大公司了。马云却讲："相对于我们的梦想，淘宝还很小。"对马云而言，创业永远没有彼岸，他永不满足。为了一个伟大的梦想，他坚持奋斗，甚至用尽自己毕生的心血。任何一个阶段性的胜利，他都看得很淡，他觉得自己的目标永远比现在要远。他的幸福只在于他的追求，因为有追求所以他有激情，因为有追求所以他很幸福。因为幸福，所以他一路勇往直前，不想停歇，奋斗是他人生中最美丽的风景。

任何一个成功的创业者在创业的过程中都有着强烈的幸福感，因为幸福才能矢志不渝，因为幸福才涌起了强大的信心，因为幸福才不断地追求。

对他们而言，创业过程中的那些辛酸和艰难不过是生活的调料，强烈的兴趣、伟大的成就、执着的追求才是他们一生中最大的精彩。

做互联网像是走一次长征

有些人盖房子不打地基，一般来说，打地基花的时间要占盖房子所需时间的30%。我从来没见过，也不相信一个没有稳定经营模式的企业能在5年内成功。不管是新经济还是旧经济，有一点不会变——给你的客户带来价值。互联网是一个新兴的产业，它将改变世界，但是你必须了解它、了解你的客户，才能给客户带来价值。即使你了解了这些东西，也不能说你马上就能赚到钱，因为你的团队可能还没准备好。所以一个伟大的公司诞生前必须做很多事，办企业不是打游戏，需要计划、努力和运气。

我一直对互联网和电子商务充满信心，从一开始，阿里巴巴就认为做互联网像是走一次长征。20世纪初，汽车刚发明的时候，美国有2000多家汽车厂，现在剩下通用、福特等。汽车也和网络一样，有美好和恐怖的日子。

阿里巴巴还没有完成地基，我知道人们很好奇。我们做企业不是因为别人也在做，不是因为别人希望我们做，是因为我们相信自己能做到，知道我们什么时候、怎样才能做到。

提要

创业就是一个不管碰到什么样的风险和困难，都要以足够的毅力长期坚持下去、不能轻易放弃的"长征"过程。

启示录

在创业的道路上，任何创业者都要有足够的心理准备，要把创业看成战斗，而且要打持久战。

因为任何一个行业都不是短时间内可以摸索透的，需要长期的摸爬滚打。如果大型超市一天可以建成并开业一个，就不会有沃尔玛；如果汽车一天就可以做到世界顶级水平，就不会有奔驰；如果好药可以一天研发成功，就不会有同仁堂。创业的艰苦和磨难恰是一个行业的保护伞，冲过来，站在伞下，艰苦和磨难就会阻止新的竞争者加入；冲不过来，就会永远站在行业之外。李嘉诚先生说过："创业的过程，实际上就是恒心和毅力坚持不懈的发展过程，这其中并没有什么秘密。"

马云就是依靠着自己的"长征"心态，数年如一日地坚持，才使阿里巴巴有了现在的规模和口碑。创业者要以"长征"心态来应对创业路上的拦路虎，打好"地基"，不要怕失败，坚持走到最后，才能看到黎明的曙光。

创业好比取经，成功的真谛在于唐僧坚定不移的信念。现在太多的媒体鼓吹创业的速胜论，什么多少分钟吸引了千万美金的投资，两三年就成功上市——但是有谁真正了解投资见面会之前企业做了多少准备工作，创业人员用了多少年的青春汗水铸就了这一份辉煌的简历。

"万丈高楼平地起"，没有坚实的人力储备、市场背景、品牌效益而去追求成功，企业的速胜达不到，速亡倒是指日可待！

奋斗的动力是什么

马云如是说

奋斗的动力是什么？不是财富。我是商业公司，对钱很喜欢，但我用不了那么多钱，我不攒钱，我没有多少钱。从大的方面说，我真的就想做一家大的世界级公司，我看中国很少有企业进入世界500强，于是我就想做一家。

如果我早生10年，或是晚生10年，那么我都不会有互联网这个机会，是时代给了我这个机会。在制造业时代，在电子工业时代，中国或多或少都错过了一些机会，而在信息时代，中国人有机会。我刚巧碰到这个机会，我一定要做，不管别人如何说，我都要做下去。我觉得中国可以有很多进入世界500强的企业，我们学得快，在这个过程中，勇者胜，智者胜。

从小的方面说，既然出来了，就得做下去。89元的工资我也拿过，再过10年，可能我的日子连全国平均生活水平都达不到。我不喜欢玩，有人为了权力，有人为了钱，但我没有这种心态。

提要

马云的最初目标是解决生存问题，解决了生存的问题，为什么还能够继续奋斗？动力就来自理想和责任。马云在2000年以前只想维持住公司的生存和运营，在2000年以后，马云想的更多的是如何把公司打造成一艘真正的航空母舰。所以在2002年，马云面对媒体阐述了自己的这番理念。

启示录

马云在这里强调了做企业和做生意的不同。做生意是为自己赚钱，做企业是为别人搭建舞台。马云要做的就是为别人搭建舞台，所以他是企业家。他和唐骏不一样，唐骏是一个打工的职业经理人，所以唐骏对媒体说："人生是一场戏，他更喜欢在舞台上表演。"马云不在舞台上表演，他搭建好舞台，让更多想表演的人来展示自己的风采。所以他讲自己奋斗的动力不是财富。中国的民营企业有很多是家族企业，都是为自己赚钱，所以多数的民营企业风光一段时间之后，就在市场上销声匿迹了。

以赚钱为奋斗的动力，那么公司的热情就会被利益点燃，团队关系也只能靠利益维系，一旦公司赚钱的速度开始下降，公司的团队就会不稳定。

马云的阿里巴巴是搭建一个平台，让全球的网商赚钱。这是一个宏伟的目标，是一个可以长期坚持的事业，阿里巴巴的团队都为这个目标奋斗，有一个统一的价值观。维系马云团队的是价值观而不是利益。所以马云的团队在没有钱的时候，依然热情洋溢；有了钱之后，还依然可以干劲十足，因为他们共同的目标还都没有实现。

不做捣蛋鬼

马云如是说

阿里巴巴不想做捣蛋鬼。我们的使命是帮助那些中小型企业成长、发展。当然我们要收一些费用，我们不是非营利性机构。

你说得对，美国控制了信息产业的许多资源：芯片、CPU等，那又怎么样？难道我们就坐在这里抱怨吗？是谁的错呢？我们可以一年又一年地坐在这里抱怨，但抱怨不会给我们带来任何改善。所以我们要行动起来。今天我们在网上有那么多事要做。可以做信息专家，可以管理世界上所有的商业信息。我们从现在开始一点一点做事，这比写一部鸿篇巨制来抱怨强。当然我们也需要有人写东西抱怨，以让我们保持清醒的头脑。作为一个商人，我喜欢采取行动。就算去做一个不完美的行动也比坐在这里抱怨强，我不喜欢抱怨。

提要

2001年马云在回答网友提问的时候提出"一流的实施能力加三流的方案"模式。方案好做，但执行起来却难。好的想法人人都会有，可是把想法实施好却是相当困难的，所以需要好的执行人才。不管方案怎么差劲，只要认真去做，也有可能达到预期的目的。但是再好、再完美的方案，不去做，也只是空中楼阁。

启示录

行动永远比空想重要，创业最重要的是行动。

马云和孙正义有一次一起讨论一流的方案、三流的执行能力和三流的方案、一流的执行能力，两者选择哪一个。两个人都不约而同地选择三流的方案、一流的执行能力。

执行能力对一个公司何等重要！看似不完美的方案只有在执行中才能不断完善，没有任何一个方案是放之四海皆准的。正因如此，公司的战略制定出来之后，执行人还要有"将在外，君命有所不受"的精神。因为市场上的情况是瞬息万变的，不是方案能够完全预料的，方案只是提供了一个方向，提供了一个战略。而执行人要在方案的指导下根据具体情况灵活运用自己的战术。

马云是一个非常善于思考的人，他的目的是要让阿里巴巴响彻全球，让每个阿里人都成为英雄。但是英雄要做英雄的事，不能只做空想家，所以在最初创业的时候，马云对他的十几个创业伙伴说："你们只能做连长、排长。因为你们的能力只能做到这儿。"马云开始高薪挖国外的优秀人才。从这一点上可以看出，马云非常重视执行能力。不过他十几个伙伴中，有的也从连中、排长成长起来做了将军，比如曾经的淘宝网总裁孙彤宇，他们都是在浴血奋战中练就了超强的执行能力。

马云本身就是个执行能力很强的人，他在阿里巴巴出现危机的时候去做公关，在财务紧张的时候去融资，不断地鼓动员工、激励客户。这是马云的工作，他是一个方向盘，描绘蓝图、团结员工、处理危机，这也是他的职责所在。

鱼与熊掌的选择题

马云如是说

YES理论是说创造价值和赚钱哪个重要。我们说YES，都重要。如果创造了价值没有钱，你这个价值根本不是价值，创造了这个价值结果没人来付钱，这就是垃圾，你不是在给社会创造价值而是在创造垃圾。所以说，我们中国很多人都一样，不仅是中国，全世界都一样，要么极左要么极右。人家问我，你喜欢能干的员工还是听话的员工？我说YES，意思就是他既要能干又要听话。因为我不相信能干和听话是矛盾的，能干的人不一定不听话，听话的人不一定不能干。

提要

价值论是马云一贯的理念，马云一向把为客户提供价值看得很重。在马云看来，只要能给客户提供应有的价值，客户自然就会把钱给你送来。在用人上马云也是这个思路，不要看他是什么背景，首先要看这个人能不能给公司带来效益。能带来效益就是有用之才，不能就是庸才。

启示录

一个企业想赚钱，就要给客户提供其需要的价值。一个人想多拿薪水，也要衡量一下自己的价值。看问题，要以价值的尺度来衡量，才会客观而准确。

有的领导人会被问重视应聘者的品德还是才干，要听话的员工还是能干的员工。一个人不听话，他的才华就会给公司的发展造成伤害，这种员工是没有价值的；一个人不能干，对公司的发展没有任何意义，这种员工也是没有任何价值的。马云的YES理论就是判断事物的价值论，做一件事情是不是有意义，那就要看这件事情对谁有帮助，能不能提供价值，不能提供价值，做得再完美，也是没有任何意义的。所以招聘的时候，马云的思维很简单，对公司有用的就是合适的人才，对公司的发展有伤害的就要坚决摒弃。

同理，判断一个公司的赚钱能力，也要看这个公司到底能给客户带来什么价值。阿里巴巴的平台给客户提供信息，但只有信息还不够。因为能提供信息的企业有很多，马云最需要的是帮他的客户赚到钱，如果阿里巴巴的会员赚不到钱，阿里巴巴推广得再火，马云名气再大，客户也不会埋单，阿里巴巴对中小企业来说也就没有任何价值。

不能给客户创造价值的企业是没有前途的，哪怕这个企业有一流的人才和雄厚的资金也没有意义，总有一天会倒闭；能给客户创造价值的企业，哪怕资金薄弱，规模很小，也前景无限，能在市场上永葆生机。

梦想还远未达到

我们在改变很多人的生活。在东三省的时候，我很感动。那里有一个工厂，他们说阿里巴巴带来很多订单，可以让企业更好地活着。现在阿里巴巴提出了每天上缴100万税收的目标，我可以跟大家汇报一下，今年我们有很多很多天上税超过了100万，我相信在后面我们会做得更好。但是我觉得赚钱不是一个公司的目标，赚钱是一个公司的结果，如果一个公司只是追求钱，这个公司不会成功。比尔·盖茨希望通过软件去改变世界，他的梦想是，30年以后，每一个家庭里面都有微软的电脑。今天阿里巴巴也一样，到现在为止，我们还处在"相聚在阿里巴巴"这个阶段。我还远远没有做到自己想做的事情，今天阿里巴巴只完成了50%的事情。

提要

2005年，马云宣布公司进入第二次危机状态。阿里巴巴的第一次危机是在2000年，当时整个互联网行业步入低谷。但是这一次马云所认为的危机却是在公司处于鼎盛时期，收获鲜花和掌声的时候。马云认为，当别人都说你好的时候，问题一定来了。

启示录

马云的梦想是做一家伟大的公司，不是赚钱，这个梦想在创业之初直到成功之后就从来没有变过。他要用阿里巴巴来改变人们的生活方式。现在的阿里巴巴离他的目标还差得很远。

但是目前阿里巴巴的团队已经很有钱了，有钱之后的梦之队还会不会坚持原来的梦想？

很多人工作的目的只是为了赚钱，认为梦想是老板的事情。就像以前，老百姓只是想过好日子，只有皇上才考虑国家的百年大计。

因此，俞敏洪曾经提醒过马云，公司做大了，有钱了，要注意自己的团队，很多人有钱之后，就不再有艰苦奋斗的精神了，就开始安于享受了。因为员工只关注自己的收入，不关注公司的梦想。

马云是导师、是方向，他要让世界因他而不同。他要永远坚持自己的梦想不能变，而且要提醒团队，公司的目标还远未实现，如果现在就知足，那么阿里巴巴的使命不会完成，员工的收入也不会有保证，所以目前阶段还应该继续艰苦奋斗，为梦想而努力。

相信自己

我们创建阿里巴巴的时候，很多人评论我们这不行那不行，不管别人相不相信，我们自己相信自己。我们在做任何产品的时候只问自己三个问题，第一，这个产品有没有价值？第二，客户愿不愿意为这个价值付钱？第三，他愿意付多少钱？我们有许多免费的服务，但免费并不意味着不好，我们打败许多竞争对手的秘诀就在于我们免费的服务比他们收费的还要好。

所以在那么多模式出来的时候，我们告诉自己，面前有十几只兔子，就盯着一只兔子不放，它逃到哪里，我们跟到哪里，直到把它抓到为止。之前我跟孙正义见面，我跟他说："一年前我们是这个目标，现在还是这个目标，只不过我们离目标比一年前近了。"我发现很多网络公司今天做这个，明天做那个，流行什么做什么，说明从第一天起，它并不相信自己，不知道自己要做什么。

提要

马云的韧性十足，看准了目标，就不达目的不罢休。他要做阿里巴巴，是经过深思熟虑的，决定之后，就决不放弃。为了梦想，"咬定青山不放松"。结果越"咬"越深，越"咬"离目标越近，在这种坚持中，马云成功了。

启示录

很多经商者都是在不多的市场机会中"投机取巧"，靠敏锐的嗅觉占据先机；企业家则需要开创一个品牌，用心经营。经商者需要不断地寻找商机，不但累而且只赚小钱；企业家却是前期做铺垫，后期财源滚滚。

由于做企业是开创品牌，所以为客户创造价值这个核心就绝不能丢弃。马云告诉大家，创业时要先问自己几个问题：第一，这个产品有没有价值？第二，客户愿不愿意为这个价值付钱？第三，他愿意付多少钱？这就是为客户创造价值的基本要求。

自己对如何为客户提供价值这个核心认识清楚了，就有了自信，知道自己做的事业一定会成功。所以面对市场上质疑的声音，马云的回答是：永远相信自己。

不过，创业者的自信切忌盲目，要有理智的思维、清晰的判断。不能变成励志式的自信，有很多创业者手握创业资金，雄心勃勃，但是对市场的判断却是模糊的。用一身的热情去做事业，路径没有弄清，客户价值也得不到挖掘，最后结果是越自信，反而越恐惧。这不是真正的自信，与其带着盲目自信去创业还不如摸着石头过河更为现实。

自信从某种意义上来说，是一种智慧，更是一种勇气。因为需要对自己的事业有着清晰而理智的判断，而且要能够力排众议，坚持自我。如果没有这种自信，还是不要做企业，否则商海无情，稍有不慎，就可能输掉一生。

笑到最后才是胜利

马云如是说

我们认为，B2B是很大的市场，靠一家两家根本做不好，所以在中国，我们的战略很清楚，就是利用国际资本抢占海外市场，同时利用国际资本培育中国电子商务市场。要培育的话，靠一家两家也不可能，20家、30家还差不多，就像中国的网络市场，无论是新浪还是搜狐，都起到了培育的作用，因为有三家中国互联网的门户才会有这么热闹的互联网，如果只有一家怎么会起得来呢？但是好与坏的标准是"谁笑到最后，谁笑得最好"，谁能够扛住各种各样的打击，谁就能够生存下去。

提要

马云的梦想是做成最伟大的电子商务公司，在这一点上马云欢迎竞争对手。因为有竞争对手，才会培育起客户对电子商务的认可，马云希望自己的公司打败eBay，但并不希望eBay退出市场，有竞争，才能将市场份额做得更大。

启示录

竞争就是这样，对手既要打击也要利用，当市场上只有一家企业的时候，你固然可以享受到独占的乐趣，但是你的市场圈子也是很小的。市场的圈子越大，分享的东西越多。尤其是新生市场，是需要培育的。只靠一个企业是不够的。所以创业者在刚刚进入一个新生市场的时候，不要把市场上的竞争者看成竞争对手，因为正是这些竞争者在帮你培育市场。正是因为有搜狐、新浪这样的门户网站相互竞争，中国的网络才能飞速发展。就像马云所讲的，搜狐和新浪对中国的网络市场都起到了培育的作用。一个市场总是需要一些竞争者的，但是竞争者一多，就又容易稀释利润。所以像马云一样，在一个行业里要做到第一，但是不要把对手吞并。我们看任何一个行业的市场，赚钱的总是最前面的那20%的企业，剩下的80%都是不赚钱、艰难生存的。这些企业是用来培育市场的，它们的利润被该行业的垄断寡头占据，但是垄断寡头不会灭掉这些小公司。

马云说，谁笑到最后，谁就是最后的胜利者。怎么样才能笑到最后呢？首先要保证不退出这个市场；其次要明白不退出这个市场，必须要力争上游，挤入前列，占领市场高地。如果一直是小公司，用不了几年就可能被市场淘汰，销声匿迹了。各行各业里艰难挣扎的小公司，很多都是生存几年之后，不得不黯然退出，那些没有退出的逐渐做大后垄断了一部分市场。

所以，创业者新进入一个行业，首先是超越对手，占领市场，而不是消灭对手。

第四章

创业——蟑螂的生存法则

生意都是艰难的

马云如是说

以前我做过很多小生意，几乎都失败了，因为我有不好的记录，所以我总被投资人拒绝。因此，我知道生意很难做，其实生意从来就没有好做过。

提要

马云参加完达沃斯论坛演讲后，在一次领袖峰会上讲话，他认为生意无论什么时候都是艰难的，创业从来都是失败的居多。这与马云一贯主张的"让天下没有难做的生意"有点自相矛盾。

启示录

现在是一个大众创业、万众创新的时代，"创客"是今天才流行起来的词语，马云的成功更是激励无数创业者前赴后继。马云和阿里巴巴的宗旨就是——让天下没有难做的生意。阿里巴巴创造了无数的网商神话，也创造了无数的就业机会。但是，在马云的思想里创业一直是艰难的，他用亲身经历，感同身受地告诉大家，生意是很难做的，而且任何时代生意都是很难做的。马云这段话有两层意思：一、创业是很艰苦的，所有创业者都要做好失败的心理准备；二、创业的成败与时代无关，任何时代都有风口浪尖上的企业家，也有一败涂地的创业者。马云的成功同样很艰难，也是在九死一生中杀出了一条血路。因此，马云的意思是奉劝创业者放弃"站在风口上，猪也能飞起来"的创业信条，因为风口没了，摔死的依然是猪。

立即行动

马云如是说

　　我还记得刚刚从西雅图回来、准备成立公司的时候。那天晚上我叫了24个朋友到我家，他们都是我在夜校的学生，包括一个82岁的老太太。我们开了个会，我说我们要做个Internet。说实在的，我对技术一窍不通，要讲一个根本不懂的东西真是像痴人说梦。

　　我讲得糊涂，大家听得也糊涂。最后有23个人说这个事情是不能干的，绝对是不行的，干了是要闯祸的。只有一个人说你要是真的想做的话，你倒是可以试试看。这个人现在在浙江省农业银行。我第二天早上想了想：干了，不管怎样，我都干下去。所以我说，我比今天的许多年轻人都强。有好多人都是晚上想走千条路，早上起来走原路，早上起来骑车又上班去了。

提要

　　没有行动，再好的想法也只是空想，可是大多数创业者都是想法多多，而行动却"明日复明日"，结果"万事成蹉跎"。

启示录

史玉柱说："市场机会就那么一瞬间，错过了，就永远不会再回来了。"所以史玉柱想到什么就是立刻去做的。他想创业，就立刻辞掉公职；他想把自己的软件推向市场，就把全部积蓄用来打广告。他第一次创业失败后，第二次他只用了50万启动资金就快速地打响了脑白金。

马云同样是一个想到就立即行动的人。他在决定做阿里巴巴的时候，曾讲到当时自己对阿里巴巴的一切都是模糊的，但是就是觉得这个电子商务是能做的，而且是一定能做成的。所以他决定立即行动，不再瞻前顾后，市场机会往往都是在瞻前顾后的犹豫中丧失的。想到就立即行动，抓住稍纵即逝的商机，是创业者的箴言。有一个好想法就要抓住它，在马云刚创业的时候，杨致远刚刚创建雅虎，那时的互联网还是一个新生事物。在中国，互联网更加让人不明白。有人问马云为什么对互联网判断如此准确的时候，马云说："其实最大的决心并不是我对互联网有很大的信心，而是我觉得做一件事，经历就是一种成功，你去闯一闯，不行还可以掉头。"

一个人有了创业的梦想，但是却一直在徘徊和等待的边缘犹豫不决，以这样的心态创业永远不可能成功。

机会决不能等待，千万不要为自己寻找各种各样的借口，想做就做，无须考虑太多，条件不成熟或者资金不充裕本质上都是借口。创业需要果断、激情，如果前瞻顾后，疑虑重重，那创业成功的可能性会非常低。只有抱着破釜沉舟的心态，敢于挑战，敢于面对，才能成功。

阿里巴巴的最大挑战

马云如是说

阿里巴巴目前面临的最大挑战是寻求新的商业模式。我们现在的商业模式是中小企业将阿里巴巴当作销售平台，而未来，阿里巴巴希望中小企业将自己的财务、管理、产品研发、咨询都放在阿里巴巴上面，阿里巴巴提供平台、品牌、技术支持，而具体的应用则由阿里巴巴联合全世界的软件开发商来开发。今年，我们将在技术上做文章，可以说技术和客户将成为阿里巴巴的左右手，成为我们未来5年战略的重要支持力量。

提要

现在马云的目标已经不仅仅局限于只给客户提供信息了，因为这样的客户关系不稳固，他要深度挖掘客户的需求，把客户和阿里巴巴牢牢地捆绑在一起。

启示录

2005年，阿里巴巴如日中天，风头正盛。马云却开始居安思危。阿里巴巴的B2B目前只是一个信息提供平台，客户可以在阿里巴巴寻求信息，也可以不在阿里巴巴寻找。这种业务客户的依赖程度是很低的，而且尽管外界对阿里巴巴一再推崇，但是阿里巴巴也有些客户逐渐流失了。

　　要想使客户永远对自己忠诚，那就要给客户提供更大的价值。所以马云想全方位地为客户服务，这样能够使客户更加地依赖自己。这才是阿里巴巴的长久之计。

　　如果你的企业正处于客户不稳定的流失阶段，那么你就要考虑，是不是该使你的企业上升到一个新的层次了，这时就要想办法提高客户依赖度。怎么样来提高呢？那就是给客户提供家一样的感觉。在这里，他所需要的，你全都有。日本企业的员工一般都跟随企业终老，那是因为日本企业给员工提供家一样的感觉，凡是员工所需要的，企业都会照顾到。客户也是一样，与你合作让他有最大的安全感，那么他就会和你长久地合作下去，这就需要做到两点，一个是你的公司永远在发展，另一个是他从你这里源源不断地获得价值，最关键的是，他离开你，企业就不行。这是做企业的最高境界，当客户已经无法离开你的时候，你的企业就已经一劳永逸、财源滚滚了。

　　提升客户依赖度，就是提供给客户生存之本。马云是帮助客户赚钱的，客户需要通过阿里巴巴生存，按照马云的想法，客户一旦把财务、管理、产品开发全都交给阿里巴巴管理的话，那么一离开阿里巴巴客户就无法生存了。马云要把客户和技术作为自己公司的重要组成部分。阿里巴巴与中小企业联合成一个整体，这样的商业模式就坚不可摧了。

看清竞争对手

马云如是说

竞争中常犯四个错误：第一，你看不见，没对手；第二，你看不起，觉得对方根本不是自己的对手；第三，你看不懂对手，你什么都用过了，最后还是不行；第四，你就是跟不上。

请在座的所有的总经理都关注一下你的竞争者，你有没有找到你的公司的竞争群体？谁是你的公司的竞争对手？你能否看懂它，能不能跟上它？我们要高度重视它，永远要向竞争对手学习。选择竞争对手一个最主要的原则是选择优秀的人做你的竞争者，不要选择无赖做你的竞争者。你能够把一个优秀的竞争者打成无赖的时候你就成功了，如果你把一个无赖当对手把他打成专业的，而你自己变成无赖的时候麻烦就大了。中国企业要记住，我们不要害怕国外企业，淘宝的案例给了中国企业一个很大的启示，就是说中国企业完全可以挑战世界一流企业。淘宝第一期投资是一亿元人民币，我们的对手eBay当时市值700亿美元，难怪投资者听说我要跟他们竞争都以为我疯了，说我是狂人，淘宝要跟eBay竞争，但是我觉得这是种学习。我坚信一点：中国电子商务市场一定比美国大，因为中国有13亿多人口，中国要让3亿人上网大概要5年时间，而美国整个国家人口只有2.5亿左右，要让3亿人上网，哪怕从现在开始生孩子，20年以后还生不出3亿来。所以我觉得电子商务是中国人的时代。

提要

马云是一个哲学家，他把竞争者分成了四种情况。这四种情况包括了市场上各行各业的竞争者的状况。按照这种分类法分析你的对手，就能分析得非常透彻。任何公司都是存在竞争对手的，但对手也是分层次的，你选择和什么样的公司做对手，也决定了你自己公司的层次。

启示录

选择竞争对手其实就是企业定位的问题。选择什么样的竞争对手，意味着你的企业和什么样的企业在一个层次上，也意味着你的企业在市场的定位。

优秀的竞争对手是值得学习的，刚创业的公司很多经验都是从对手那里学来的。竞争对手以什么样的方式打开市场，只要手段比你高明，你就得跟人家学习；竞争对手以什么样的境界来管理，只要比你管理得更有艺术，你也得向人家学习。

马云说，在竞争的时候，你能把一个优秀的竞争者打成无赖，你就成功了。马云所说的优秀的竞争者，是指一个对市场充满理性思考的竞争者；马云所说的无赖，是在市场的大潮中，为了生存不惜一切代价的投机分子。

做企业不是投机，如果你把投机者当成自己的竞争对手，自己去学习投机者身上的不良风气，目光短浅，注重短期利益，从而把自己的口碑坏掉，这就是一个无赖了。这样的企业越做越没有市场，越做越不景气，虽然可能赢得一时的风光，终究会倒下。对于竞争者，马云首先强调要找到竞争对手。要看到哪些和你是有竞争关系的，找到竞争对手后，首先要看懂竞争对手，看懂竞争对手的价值观，看懂竞争对手的策略；看自己能不能跟他抢市场，如果跟不上人家，就要开拓自己的蓝海，另辟蹊径，不要在同一片森林里抢夺猎物。

竞争的境界

马云如是说

我们推出"支付宝"的时候，eBay的人认为我们很愚蠢，因为他们三四年前尝试过，失败了，就认为这条路是不会成功的。对我来讲，不在乎谁尝试过，只在乎这个东西管不管用，管用的话，再失败也要重新来。去年，外界认为我是个杀气很重的人，其实没有。但据eBay在美国的内部人士透露，他们这一年所有的动作都将针对我们。人家有钱，没有办法。

提要

忘掉竞争对手可以说是一种很高的境界，把自己的事情做好，其实就是最大的竞争参与。马云认为一个公司只要生存着，就自然要占领市场，如果处处只想着把对手从市场中挤掉，心思没放在提高服务质量上，这样不但打不败对手，还会丢失自己的市场份额。

启示录

商场如同战场，作战不能只讲战斗力，更要讲战略，不能因为赢了一场战役，却输掉了整个战争。eBay为了保持住自己的市场地位，想尽一切办法来封杀淘宝，但是越封杀，淘宝的市场占有率越高。马云成立淘宝网的时候，对当时的淘宝网总裁孙彤宇说，给他三年时间，打败eBay。但淘宝的策略却没有针对eBay，而是针对自己的服务，淘宝采取农村包围城市的战略，先从eBay没有涉足的领域出发，占领这些市场空白，然后向eBay的市场大举进攻。这种进攻不是针对eBay的，而是想办法如何争取更多的网商，让网民在淘宝开更多的网店。

只有将客户抓在自己的手中，做成最好的自己，才能在市场上牢牢站稳脚跟。马云的思路是从来不想和谁去竞争，所以他眼中没有竞争对手。他也没有想过去消灭谁，只想一起为电子商务发展做贡献，所以马云更喜欢联盟，他的这种思路恰恰在客观上强大了自己，也让自己成为了别人的眼中钉。

"生存之道"

马云如是说

以前香港很多人总是问我怎么赚钱的，我说我不告诉你，我为什么告诉你？除非你是我的投资者，因为我的投资者跟我三四年下来以后才明白。当然我这么说不是永远不告诉你，上了华尔街以后，一切都很透明。今天阿里巴巴模式不是我们未来的模式，不跟别人探讨模式，并不意味着我们没有模式，等我们跟你探讨模式的时候，我们这个模式已经成为昨天的事情。这是一个做商人很基本的道理，你告诉别人你模式多么好，一定会出问题。

提要

马云不会把赚钱的方法告诉别人，他强调讨论商业模式是没有用的，投资者之间最重要的是信任。永远不告诉别人赚钱的秘密，是做商人的基本道理。到现在为止，免费的淘宝网和支付宝怎么赚钱，大家也没有弄明白。

启示录

马云说，上市前的商业模式绝对不能说，因为这个是公司机密。上市之后，因为有财务报表需要披露，所以不得不说。马云做B2B是秘密进行的，如果不是因为机缘巧合，碰到了一场福布斯风波，马云和阿里巴巴不会那么快脱颖而出。马云投资淘宝的决策甚至连公司内部的管理层都不知道，以至于淘宝悄悄进行了几个月之后，还有员工不断给马云发信息告诉他，有个叫淘宝的网站发展很快，要引起注意。

马云对淘宝大打免费战略，不断给淘宝追加投资，那么淘宝到底是怎么赚钱的呢？

马云对此讳莫如深，他只说了一句话："当一个网商在淘宝上赚的钱每月有三四千元的时候，他还会在乎给阿里巴巴交上10元钱吗？"培育C2C市场并且注重生态链的培养是马云一向擅长的战略思维。不过，也有人分析，支付宝每天的账户余额就有几亿元，这几亿元资金只要稍加利用就会产生不少的收入。反正马云是生财有道，而且方式、方法总是独辟蹊径、与众不同。

马云高度重视自己的商业机密，甚至连投资人都不透露，但是马云却有办法让投资人相信自己的未来。

他会告诉投资人自己的远景规划是多么重要，自己要花大力气投资在团队修炼上。因为每年马云都提出新的目标，而且每年也都实现了，正是这样的承诺和行动，使投资人一面追捧着马云，一面放任他独自经营。

投资阿里巴巴的人更多的是信任马云，而不是看重商业模式。对于投资者而言，一个项目市场有多大，商业模式是怎么样的，什么人来做，这是最关键的三个因素。但是真正的投资者都明白，一流的商业模式配上一个三流的执行人还不如三流的商业模式配上一个一流的执行人，所以人是最重要的因素。

真正的高手是不出手的

马云如是说

有会员对我说，如果阿里巴巴是一道城墙，那么所有的网商都是在城墙下面的人。我并不这么认为，如果阿里巴巴是城墙，所有网商就是城墙的砖头，没有他们，这个城墙就是假的。阿里巴巴最大的价值就是网商，是客户。我不想给这个公司做多大的宣传，好的宣传你们自己会做，不需要我在这里做。但是大家可以探讨创业，你们对阿里巴巴有什么意见和想法，我很愿意跟大家探讨。

我们股东经常说你怎么都不提竞争这两个字。因为在我眼里没有竞争，阿里巴巴到现在都没有竞争，我认为打死竞争者是没有用的，竞争者是打不死的。你眼睛盯着竞争者的时候，你跟竞争者也差不了多少，你杀这个竞争者、杀那个竞争者，最后你就成为职业杀手了。真正的高手是不出手的，出手的都不是高手。

提要

马云的心中有天下，他不计较一城一池的得失。一个心中有天下的人，必能吸引天下优秀之才；一个心中有天下的人，也能给予天下优秀之才最丰厚的奖励。马云的眼中没有竞争，因为他不屑于竞争，他放眼未来。他看到的是整个网商的时代，而阿里巴巴正要做这个时代的领跑者。

启示录

马云要搭建一个世界第一的电子商务平台。一个有如此恢宏大志的人，怎么可能去和眼前的竞争对手一较高下呢？共产党的目标永远是发展民众、影响民众、团结民众，永远不是打败或消灭国民党反动派。因为共产党心中有天下，而国民党反动派却把共产党看成敌人，不断地试图剿灭。结果，共产党还是最终的胜利者。

马云不把竞争对手看成他的敌人，因为在马云眼里，阿里巴巴在网商中的口碑才是最重要的。所以马云说，你眼睛盯着竞争对手的时候，你跟竞争者也差不了多少，你杀这个竞争者、杀那个竞争者，最后你就成为职业杀手了。真正的高手是不出手的，出手的都不是高手。

对阿里巴巴而言，阿里巴巴是船，网商就是水；阿里巴巴是城墙，网商就是砌墙的砖。所以马云说阿里巴巴的上帝就是网商、是客户。阿里巴巴及其旗下的公司制定的每项策略都是针对市场需求而推出，从没有针对竞争对手，但是有很多企业却把阿里巴巴看成眼中钉，几乎每项策略都是针对阿里巴巴的。最终的结果是，以客户为中心的阿里巴巴越做越大，而其他的对手公司却被阿里巴巴远远地抛在了后面。

阿里巴巴能被复制吗？

马云如是说

阿里巴巴是不能被复制的。如果被复制该怎么办？阿里巴巴的模式可以复制，但你拷贝不了阿里巴巴的团队和它犯过的错误、马云的东想西想、客户的信任和给予，这些都没办法拷贝。但不等于说没有公司能超过阿里巴巴。

将来可能有100、200、1000个电子商务网站诞生。你可以做一个跟我长得一样丑的人，但是内涵不一样。在中国电子商务市场上，我希望有更多的网站去创新、去开拓。阿里巴巴还是一个工地，如果大家要复制一个工地，5年之后再复制可能就迟了一点。阿里巴巴绝对不会去取代传统商场，电子商务不要去取代任何人，不要去取代任何产业，电子商务的机会在传统企业，传统企业的希望在于电子商务。我可以说，30年以后，整个商业活动都会以电子商务形式进行。20年以前，我跟我外婆探讨过，我说20年以后几乎每家都有彩色电视机。今天你看看，电视机根本不是高科技。30年以后，人类的商业活动都会在网络上进行。

提要

阿里巴巴成功后，很多人探讨阿里巴巴能走多久。并且有人追问，阿里巴巴能被复制吗？答案一定是否定的，阿里巴巴绝对不能被复制。

启示录

正像马云所说的：阿里巴巴的模式可以复制，但是阿里巴巴的团队和错误不能复制；马云的做法可以复制，但是马云的思维不能复制。

阿里巴巴是具有核心竞争力的，因为核心竞争力是难以被竞争对手模仿的，它为客户带来的可感知价值非常明显，并能为进入多个市场提供方便。

首先，马云有别的公司不能模仿的东西，阿里巴巴的技术和制度其他公司都可以模仿，但阿里巴巴的文化不能模仿，这是阿里巴巴的团队经历了无数次失败后累积的财富。

其次，阿里巴巴可以给客户带来明显的可感知价值，阿里巴巴让网商通过这个平台赚到钱，淘宝让普通消费者都可以有自己的网店。阿里巴巴的确圆了不少人的财富梦，因为阿里巴巴的存在而发财的大有人在。

再者，马云以B2B为支撑，建立淘宝、支付宝、阿里妈妈等。阿里巴巴已经形成了一个巨大的平台，可以为其进入多个市场提供方便。

一个公司拥有核心竞争力别人就不可能超越，所以已经形成了自己核心竞争力的阿里巴巴就不可能再有人复制成功。但阿里巴巴的核心竞争力却是在艰难困苦的生存环境中熬出来的，一度失败，又一度崛起。这个过程更是不能模仿的。

要有蟑螂精神

马云如是说

中小企业如何像蟑螂一样既生存下去，又灵活自如？

第一相信自己能成活。第二要有坚强的存活毅力。阿里巴巴跟任何中小企业一样，在1999—2001年我们也面临发不出工资的状况，我们没有收入。即便所有人都倒下来了，我们半跪着也要坚持，坚持到底就是胜利，让自己做最后倒下的那个人。对于乐观主义者来说，在世界经济出现大问题、宏观调控、银根紧缩的时候，倒下来的一般都是大企业，但是世界上的消费能力并没有减少，人们还是要吃、穿、用，从这个角度来讲，对于中小企业来说，现在应该说是一个机会。悲观的人看任何事情都是悲观的，乐观的人看任何事情都是乐观的。

提要

马云认为创业者要想生存下去，必须要有蟑螂一样的精神。这句话是说给阿里巴巴的网商听的，马云希望他们在激烈的竞争中存活下去，只有网商有利润，马云才能挣到钱。

启示录

马云一直扮演的不仅是自己公司的导师，还是客户的导师。阿里巴巴的很多客户都受过阿里巴巴的培训。马云既培训自己的员工，也培训自己的客户。

中小企业竞争激烈，生存艰难，马云就告诉他们应该很好地利用互联网。也就是抓住一切可以生存的机会。蟑螂就是抓住一切可以生存的机会来生存。对于企业而言，只要有活下去的信念，有坚持成活的毅力，就能够灵活自如地逃避开市场的灾难。

传统的渠道利润下滑，就要开辟网络渠道，在网络上寻找另一片天地。网络上最好的途径肯定是阿里巴巴了。马云的演讲很善于借助形式来推广自己，他总能把自己的理念放到最合适的时机来讲，不能不说他是一个演讲高手。

他为客户着想的想法能够打动客户的心，但是实际上他还是在推销自己的商品，推广自己的阿里巴巴。如果一个企业能够把推广自己和为客户服务联系起来，那么这个企业就能做起来。马云每次演讲推广自己的企业的时候，总是以一种服务精神来讲，不是强迫客户接受。他只是娓娓道来自己的服务精神，他为自己的员工服务，为投资商服务，也为客户服务。你需要什么，你碰到什么困难，他就会帮助你，他不赚你的钱，但是你会主动把钱送到他那里以便获得更多利润，这就是典型的马云式公关。

先做项目再谈融资

第一，创办一个企业时千万不要想到要融资，这样你永远办不好一个公司。钱只不过是一个惊喜，你不要天天盼着别人来投资，任何一个投资者发现你追着他的时候他都会逃得比你快。所以，我希望很多办中小型网站和中小型企业的人，可以做好一切，让投资者找上门来。第二，我觉得任何企业做大就不肯做细，如果你是中小型网站，千万不要跟网易、新浪、搜狐、阿里巴巴拼规模，千万不要跟它们拼大，而是跟它们拼专业市场，拼它们做不了的市场，这是核心问题。

提要

企业要靠自己的发展实力主动吸引投资商，这样才会在融资中具有话语权。一个好的项目和执行者是投资商们最愿意试水的。什么是好的项目？马云认为好的项目就要与众不同，有自己的特色。

启示录

中小企业该如何发展？马云指出了一条战略方向，就是中小企业不要去模仿大企业，应该做大企业做不到的东西。任何一个企业妄图面面俱到是不可能的，任何一个行业总有别人做不到的空白市场。

阿里巴巴已经做了最全面的综合性的B2B网站，但并没有垄断B2B领域。比如在专业的IT领域就有颐高推出的IT行业B2B平台——亿脉通。服装行业就有诞生在深圳的"穿针引线"国际流行资讯网。在门户领域，也有专门的分类信息网：比特网是专门做IT信息的，东方财富网是专门做财经信息的。这些专业类的网站小而精，非常专业，所以能赢得大量客户群体，自然也吸引了投资者们。

找准了独特的需求点，就有了与众不同的商业模式，坚持下去，做出一定成绩，自然会有投资商前来追捧。但是创业者切记：不能把投资的钱看作目标，也不能把利润看作目标。应该把做到专业需求领域的第一看作目标。你的愿景越大，你才会有更多的资金，才能占领更大的市场，从而形成一个良性循环。

在中小企业的融资中，凡是企业追捧资金的，都容易形成被资金控制的局面，而投资方又只关注短期利益，是不看重长期效益的，这对企业的发展非常不利。但是资金追捧企业的，企业就有绝对的话语权。比如家教领域的学而思，在2003年成立之初，家教市场就已经是一片竞争激烈的红海。但学而思独辟蹊径，找准了家教行业里小学升初中这一块，专门做这个领域，做专、做精。结果仅用了几年时间，就异军突起，成为家教行业的领军人物。老虎基金也因此连续找学而思谈了几次，准备注资给学而思4000万美元，但学而思牢牢抓住控制权和话语权，最终老虎基金居然对学而思没有上市要求，这在投资业可谓是先例。原因就是学而思有了自己的品牌，尽管只是做家教的小企业，却在自己的专注领域里有了口碑和品牌。

6分钟值多少钱

我的投资者还挺不错的！像软银的孙正义。我非常敬佩他。我们第一次谈判只用了6分钟，就解决了2000万美元的投资。其实我知道他不疯，他也知道我不疯。其他人都认为我们疯了，就像我公司里面很多新来的同事和外面的人，觉得马云讲话怎么那么古怪？但是跟我们一起创业六七年的人会很理解。

反正我们两个人挺逗的。上个月我在东京，他说我相信你，我说我也相信你，最最倒霉的时候，你没来责怪我。我说因为你有太多事情要责怪，所以来不及责怪我。

我们两个都想做真正的、大的、有意义的事情，我想做的是一个这么庞大的计划：要做80年的企业，做世界十大网站之一。而且从我这几年所做的事情看，他觉得我这个人的心特大，他知道我在说什么。我非常清楚自己的所作所为。这种感觉具体我也说不清楚。我们开玩笑说彼此是一见钟情。

提要

马云向软银集团总裁孙正义融资的故事，已经成为了一个传奇。他和孙正义见面只用了6分钟就敲定了2000万美元的融资，而当时马云去融资的时候，阿里巴巴已经快支撑不下去了。

启示录

马云开始做阿里巴巴的时候，在一个小房间里，他用录像视频录下了他们开会的过程。马云去推销自己的中国黄页的时候，叫上央视的记者把全程的记录拍下来，马云认为自己一定会成功。所以人们都认为马云不是骗子就是疯子。

孙正义在创业的时候，与马云的性情几乎是一样的，孙正义创立他的公司的时候，只有两个员工。当他的公司开业的那天，孙正义站在公司装苹果的水果箱上面，跟他的两个员工说："我叫孙正义，在25年之后，我将成为全球首富，我的公司营业额将超过100兆日币！"那两个人听了之后，立刻辞职不干了，他们都以为老板疯了——但他们不知晓孙正义两年之内读了4000本书！孙正义在读完了4000本书之后，他根据自己读书的心得写了从事40种行业的发展计划。他终于明白了自己多年百思不解的困惑——要成为全球首富，就必须从事最新兴、最具发展潜力的行业。之后，他就以坚定的信念进军计算机行业，并从这4000多本书中总结出了一套与众不同的创业方案。

马云和孙正义彼此知道，他们都不是疯子，他们的每项决策都是经过了长期的思考而做的，孙正义和马云都善于打破常规，所以让别人感到他们讲话很古怪。但是，正是因为他们独特的思维方式才使他们有了今天的成就，他们都看好互联网行业，都在网络里有一个疯狂的梦想，都擅长寻找打破常规的方法。

马云看到了B2B的巨大前景，而且有着周详的计划和创业的激情。他给孙正义描绘了6分钟。在这短短6分钟里，孙正义不但看到了马云的激情，更看到了马云演示的阿里巴巴的光明前途。所以马云把阿里巴巴的业务讲述完毕的时候，孙正义就决定投资，孙正义感觉到阿里巴巴将是亚洲的另一个雅虎。可为这6分钟的讲述，阿里巴巴走了多久，马云就准备了多久，这才是阿里巴巴能够顺利融到资金的关键。

谁来控制股权

马云如是说

从这个公司创立开始，我从来就没想过用控股的方式控制它，我们也不允许任何一个股东或者任何一个投资者控制这个公司。我觉得这个公司需要把股权分散，管理和控制一家公司靠的是智慧，所以这次融资没有影响管理层和整个员工团队。孙正式融资后，我们有1000多名员工都有股票，他们是最大的股东，孙正义的软银是第二大股东。我相信今后随着市场化的加大，这个比例可能还会有调整。管理层和员工是不是做最大的股东，我们没有这么想过，该做小股东就是小股东，该做大股东就是大股东。

提要

2004年2月，阿里巴巴第四次融资到位，这8200万美元的资金该如何管理？股权如何划分？这给马云提出了挑战，马云知道自己必须牢牢抓住控股权，但是孙正义等人的注资足以使他们成为第一大股东，所以马云想出了个好办法，就是全体阿里巴巴的员工持股比例超过孙正义等人，这样就保证了马云的团队把阿里巴巴的控制权抓在手中。

启示录

　　这次融资堪称国内网络界最大的一笔私募，这次私募来自于四家投资公司，由软银负责牵头。对于这次私募，外界的一个普遍疑问是：今后马云会不会放弃公司管理层和员工第一大股东的地位？

　　马云用股权分散的办法巧妙地解决了这个疑问。谁也不要独占，把股份留给公司里的集体。马云的思路是不让任何一家公司或一个人控制股份，马云也不想让整个团队抓住股份，就像他所说的谁该控制多少股份，谁就控制多少股份。

　　马云的思维是善于打破常规的，他不会把股份一开始明确，他是个喜欢变化的人，他的思想也会随着事态的变化而变化。正如马云在2001年对8848总裁王峻涛说："C2C、B2C是起不来的，企业对消费者和消费者对消费者的模式是根本不可能做大的。因为中国人的习惯是喜欢当面挑挑拣拣，不习惯网上购物。"但是几年后，马云开始涉足C2C，做起了淘宝网。因为形势变了，马云就又推翻自己原来的结论了。所以马云不能一开始就确定股份，他要根据形势的发展，确定"势"之所在。他要在员工与其他股东之间掌握一个平衡，马云不想自己控制公司，也不想让某个股东控制，公司应该是一个平台，谁该做第一大股东呢？这就要看公司发展的情况，即"势"在哪里。如果投资方股份比例过大，马云就把小股东的权益集中起来控股，可以抵挡投资方。公司不是某个人说了算的，不听资本的，也不听管理层的，要听市场的。如果公司的发展需要单独一方的大股东出现，那这个大股东就得出现。

第五章

鼓动——激情是用来推销的

身边人才是偶像

马云如是说

　　身边的人才是榜样，在创业之路上，每个人都会有很多的老师，但我其实不是大家的理想的老师。很多年以前我把比尔·盖茨当成榜样、当成自己的老师。后来我发现比尔·盖茨做不了我的榜样，因为我不知道该怎么向他学习。但是隔壁开店的老张、老王可以作为我的榜样。学习身边的人比信仰那些遥不可及的榜样更可靠。每个创业者都要学会学习身边的人、欣赏身边的人。每个创业者都要通过欣赏别人、学习别人来升级自己。

提要

　　马云认为自己的老师是身边的人，这正应了中国的一句古话"三人行，必有我师焉"。马云善于向身边的人学习，只要留心，处处皆学问。马云最初的偶像也是那些遥不可及的财富精英。但是在创业的过程中，马云就发现这些精英离自己太遥远，并没有真正发挥作用，对公司、团队没有实际帮助。所以，他号召大家互相学习、互相鼓励。

启示录

　　马云曾经忏悔过自己相信空降兵，认为那些有光环的高管能给阿里巴巴带来与众不同的成长，最后却发现能踏实留在阿里巴巴肯和自己一起风雨同舟的，还是自己的创始团队。后来，马云知道，自己团队里这些草根一样可以把工作干好，那些有着耀眼光环的高管虽然拿着高薪，有着一些看似光鲜的理论，但是他们的管理理念拿到阿里巴巴来往往水土不服。而伴随阿里巴巴一起成长的团队却不一样，他们在错误中成长，知道公司最容易犯的错误有哪些，应该去规避哪些问题。这是阿里团队经过千锤百炼得来的。正所谓"王侯将相宁有种乎？"，不是每个人生来就注定是草根的，只要勤于学习，处处留心，草根一样可以逆袭成功。当马云带着平等的眼光去看待自己团队的时候，他发现这些来自草根团队的智慧依然是熠熠闪光的。我们多数人往往是被旧观念遮住了心神，无法看出身边人的智慧，总是把偶像寄托在遥不可及的人物身上。其实，只要细心观察就会发现，每个人都有长处，也有短处，你只需要看到别人的长处即可。生活就是最好的老师，每个人都可以是自己的榜样。

创业原动力

马云如是说

大家刚才问公司的核心竞争力，其实没有什么可隐瞒的。你们公司的核心竞争力就是你和你的团队，不要有什么难为情，别人也总问我阿里巴巴的核心竞争力是什么。别人可以拷贝我的模式，不能拷贝我的苦难，不能拷贝我不断往前的激情，这个东西一定要记住，这是你的核心竞争力。当然，再好的创意背后必须要有制度、人才、执行力去支撑。没有制度、人才、执行力支撑的创意就只是一个故事，没有用。

提要

创业源于激情，无数白手起家的故事都证明了一件事，激情决定成败。不要等万事俱备再去创业，因为机会可能在等待中错过。创业者应该充满激情，用激情去赢得市场、赢得投资、赢得人心，这样你的事业就会临绝地而不衰，处险境而化夷。

启示录

一个人充满激情的原因有很多，有的人是出于自信，有的人是不甘寂寞，有的人是渴望财富，有的人是渴望自由，甚至有的人只是为了争一口气……但无论是哪一种，其客观结果都是一样的，因为有了激情，他们才能产生巨大的冲力，促使他们去创业。

在创业的过程中，只有创业者的激情与执着才是最先发挥创业者力量的法宝。因为激情是可以传染的，一个充满激情的人可以让他周围的人活力四射，产生巨大的信任感。它能够在困难时期帮创业者争取合作伙伴、赢得客户，甚至可以打动投资者并且加强团队的凝聚力，从而使创业者一路披荆斩棘，随时打掉创业中的"达摩克利斯之剑"。因此，创业成功的人的激情在克服创业困难上起到了不可或缺的作用。

激情不但可以帮助创业者赢得客户和投资者，还可以帮助创业者团结员工拼命奋斗。戴尔公司在最艰难的时候，曾经连续三个月发不出工资，员工们都不拿一分钱，继续为公司发挥着巨大的能量，依靠的就是激情。马云和员工们从1995年到1999年一起在北京奋斗了四年，结果却一败涂地，一群人在草坪上抱头痛哭，有的员工不明白苦苦的奋斗为什么没有换回一点成果，悲愤地大喊："为什么？"

痛定思痛，马云决定重返杭州，所有人的工资全部降为500元，开源节流，从头再来。整个团队面对如此低的工资居然齐心协力，没有一个人掉队。员工的团结来自马云的激情鼓舞，整个团队充满了激情。从某种意义上说，激情也是核心竞争力，但前提是要有一种文化来保证激情的永续性。

阿里巴巴成功的三大法宝

马云如是说

很多人都非常聪明，比我聪明，也非常努力，但为什么我成功了？我认为是坚持。很多聪明人想得太多，要不就是跳槽了，要不就是做到一半自己去创业了。我认为一个成功的公司，一定要有一个忠诚的团队一起往前走。

公司一定要有贯彻上下的共同价值观、明确的目标和方向，领导者还要有很强的使命感。我们的价值观很清楚，就是阿里巴巴是家"客户第一"的公司，员工必须有诚意、有热情。我们甚至明确了公司的价值观，定期考查，确认员工已融入企业文化。

我认为，统一的价值观、使命感、共同的目标，是阿里巴巴走到今天的重要原因。我认为未来电子商务会对人类社会进步做出巨大贡献，但我也时时抱着危机感。

提要

马云的成功之道是什么？比他聪明的有很多，比他努力的也有很多，和他在同一时期做B2B的也有很多，但为什么只有马云成功了？马云的成功法宝说起来很简单：统一的价值观、明确的目标、强大的使命感。

启示录

马云之所以成功，用他自己的话说是因为他比别人更没钱、比别人更不幸、比别人失败更多。这些艰难锻炼了马云钢铁一般的意志，反过来，马云把这种意志转化为阿里巴巴的文化，使阿里巴巴整个团队变得更坚强。就像马云自己说的："如果在拳台上和泰森打，我肯定会被他一次次击倒，但是除非他把我打死，否则，我还要爬起来，再打，再被击倒，再爬起来，再打……他最终会被我的意志折服。"

马云他们创业之初都没人看好B2B，没有人看好，杀进这个行业来的人就少，在杀进来的少数人中，马云他们团队又是最能坚持的团队之一。马云说创业最重要的精神就是熬，在最困难的时候，他们熬不住了，我可以多熬一秒钟、两秒钟，这样别人就熬不下去了。

创业失败是正常现象，一次就成功的往往才是不正常的。在绝望的时候，连创业者都不知道是否还应该坚持下去，何况与你一起奋斗的团队。

中国的新创业者每半年都会有80%死掉。创业就像3000米的长跑，创业者需要有兔子一样的速度、乌龟一样的耐力。

单元房是王道

马云如是说

我们在青岛招聘员工。有一个小姐找到当地一个很偏僻、又黑又破的居民区时，不相信大名鼎鼎的阿里巴巴分公司会在这上面的居民楼里。于是，她又跑下楼打电话给她的男朋友，说："要是半小时我没打电话给你的话，你就到这来找我。"目前的阿里巴巴可以说并不缺钱，而我们大多数分公司的办公地点却都是在居民点的单元房里，不要说是福州，就是东京、纽约，我们都有能力租当地最贵的办公地点，而我们没有。为什么？我们要让所有的员工知道，来阿里巴巴就是要把阿里巴巴做大，把分公司的办公室从小单元房搬到当地最高级的写字楼。

提要

马云认为伟大的公司都是节俭出来的，越是大公司就越要懂得节俭，要把每一分钱都花在刀刃上，避免不必要的浪费，就像马云说的：租单元房是王道。阿里巴巴的分公司一开始都是建立在单元房里。不是阿里巴巴没钱，而是阿里巴巴懂得花钱。

启示录

娃哈哈创始人宗庆后曾说："当老板要付出非常代价，整天花天酒地的老板，（企业）肯定做不长、做不大，真正的老板都是俭朴的。"娃哈哈内部所有发票都必须经宗庆后签字才能生效。一天，大家排着长队去宗庆后的办公室请宗庆后在发票上签字。一名职员进去没多久，外面的人就听到宗庆后说："什么？买十把扫帚还不去批发？太浪费了！"

创业之初，全体员工就开始勤俭节约。创立阿里巴巴之时，为了节约费用，马云将公司安在自己家里。那时候，马云和他的团队是不打出租车的，就是打出租车也是打夏利，舍不得打桑塔纳，因为桑塔纳比夏利贵1元钱。就像马云所说："创业时候钱很少，所以每一分钱都很珍惜，甚至可以用抠门来形容。第一笔融资——500万美元到位之后，我们还是保持着这个传统。"

谁在平时节衣缩食，创业时就能渡过难关；谁在富裕时奢侈堕落，穷困时就会死于饥寒。阿里巴巴的办公地点都选择比较偏僻的地方。马云认为，很多企业刚开张，人还没几个，就在一个高档写字楼租下了一个很大的办公室，新招的员工看外面，就会觉得这公司肯定不错，这会让员工对公司产生过高的心理期望。其实，刚创办的企业在初始阶段本身肯定困难重重。而新人又是冲着你的规模来的，对即将发生的困难估计不足。时间一久，这样的公司就会觉得撑不住了。

永远不要去欺骗别人

马云如是说

还有一句话要告诉大家：永远不要去欺骗别人。1995年我被四家公司欺骗，现在这些公司全关门了，这说明靠欺骗走不远。网上并没有那么多骗子，聪明的人永远相信别人比他聪明，愚蠢的人永远不相信别人比他聪明。所以我想告诉大家的是，这个世界是一个注重胸怀、眼光、实力的世界。

害人之心不可有，防人之心不可无。这世界坏人毕竟是少数，要别人相信你，你首先要相信别人，人与人之间要克服沟通障碍，诚信是第一的。在企业运营过程中、电子商务中，会有欺诈现象，但其实这是很小的一部分。阿里巴巴和淘宝成立到现在，欺骗的案例很少，这其中还有一部分是误会。

提要

马云的成功在于诚信，他在阿里巴巴的主要任务之一就是解决企业对企业、消费者对消费者、消费者对企业的诚信问题，所以诚信的价值观在阿里巴巴的团队里就显得更为重要。诚信是阿里巴巴电子商务生态链的基础。

启示录

马云说诚信是个基石，最基础的东西往往是最难做的。但是谁做好了这个，谁的路就可以走得很长、很远。大多数创业者在创业的过程中都比较急功近利、急于求成，逐渐地忽视了诚信的力量，直到创业失败才幡然悔悟，但是为时已晚。

马云从一开始就把诚信放在战略的高度。2006年2月10日，在阿里巴巴一年一度的全体员工大会上，董事局主席马云向员工宣布三大主题，首要的就是诚信建设和知识产权的保护，诚信被马云当成公司发展的第一使命。早在营运初期，马云就给公司制定了两条铁的规定：第一，永远不给客户回扣，谁给回扣一经查出立即开除，否则客户会对阿里巴巴失去信任；第二，永远不说竞争对手的坏话，这涉及一个公司的商业道德。马云坚持所有阿里巴巴网页上的商业信息都必须经过信息编辑人员的筛选才能使用。这个要求从最初创业时期的18个人开始，一直坚持到现在。

马云发现，自己的客户最担心的就是网络的诚信问题。网上的信息浩如烟海，但是哪些是真实的，就成了信息需求者头疼的问题，这也是电子商务发展的关键。为此，马云推出了诚信通，提出让讲诚信的会员先富起来。

阿里巴巴的诚信建设随着阿里巴巴的发展也在向纵深发展。马云认为，尊重他人的知识产权是诚信的重要内容，为此，公司将以更严厉的手段"制裁"会员出售盗版光碟、假冒名牌产品等行为。马云对诚信的理解是："诚信不是一种销售，不是一种高深空洞的理念，是实实在在的言出必行、点点滴滴的细节，诚信不能拿来销售，不能拿来做概念。"

只有对客户诚信的企业，才能使客户对企业的产品建立信心，有口皆碑，也就自然而然地创造了名牌效应；只有对员工诚信，各部门领导和员工以诚相见，员工才会为公司发展群策群力，万众一心。诚信是创业者卓越的文化基因，因为诚信是创业者最好的竞争手段。

最好的质量管理员

马云如是说

我已经告诉很多年轻人：如果你们跟我一样勤奋努力，你们都能成功。对于电脑和互联网，到现在为止我只会做两件事：收发电子邮件和浏览网页，其他的我都不会。我甚至不会在网上看电影，也不会拷贝。我就告诉我们的工程师：你们是为我服务的，技术是为客户服务的，如果不能为客户服务，再好的技术客户也不会用！所以我们的网站为什么那么受欢迎——那么受普通企业家的欢迎？就是因为我做了一年左右的质量管理员。他们写的任何程序我一定要试试看，如果我不会用，赶紧扔了。我说80%的人跟我一样蠢，不会用的。我希望能不看说明书，不看任何东西，上手就会用。

提要

马云吸引年轻人靠的不是他的理想和志向，而是他的励志宗教。论相貌、论聪明马云都是不出彩的，他有三年的高考经历，经历了无数次失败，但是马云却取得了巨大的成就。从这点上看，马云成为年轻人的创业导师就是理所当然的了。

启示录

马云在年轻人心目中有着极高的地位，这源自于马云的励志精神。他不断地讲失败，把成功看成是一门学问。所以他说："如果我能成功，在中国80%的年轻人都能成功。"这句话足以让青年人热血沸腾，马云没有技术、没有钱、没有经验，他就是一个三无人员，去创业，却取得了辉煌。

马云不讲他的口才、他的思维、他的眼光，只讲他的缺点。缺点是一般成功人士最忌讳的话题，却是马云最引以为荣的地方；有缺点的成功人士更接近大众。基于此，马云的理念在商业江湖上几乎成了一个宗教。

马云靠励志推广自己，靠推广自己来推广阿里巴巴，这是马云营销的独到之处。

马云深知，社会的流行元素在年轻人身上，只有把年轻人鼓动起来，这些东西才能成为社会上流行的元素，这种传播方式很有效，所以马云的演说先从年轻的创业者开始，他知道自己应该讲什么。在创业之初，马云还没有足够多的管理经验传达给企业客户，他只能把人生经验传达给年轻人。

抓住了年轻人的神经，也就抓住了社会最敏感的神经。他的理念独树一帜，观点新颖，很符合年轻人的心态，年轻人的激情一点就燃，这样的推广是最省力气、最省成本的。

把广告留给客户

首先，感谢大家为这一天做出的努力，每年的3月10日，都是我们非常激动的时刻。三年前，人们认为诚信通不可能成功；三年后，我们做出了一点成绩。我们的使命就是让诚信的商人先富起来。而诚信通就是为诚信的商人提供的特有的服务。

昨天晚上我没有睡觉，今天早上人们都笑我，说我穿正装，打扮得像个新郎官。我的心情确实很激动。我觉得，只有让更多的客户拥有公平的市场机制，才能让诚信的商人富起来。只有客户成功，我们才有可能成功。三年来，我们一直没有做广告，我们要把竞拍这样的广告形式留给我们自己的客户。这样做对社会来说意义很大，因为我们担负着的还有社会责任，而不仅仅是赚钱这个目标。

提要

2001年8月，阿里巴巴推出了诚信通。三年后，诚信通取得了辉煌的成就。很多人赞赏这一战略，但是，对于马云而言，这曾是个非常痛苦的决定，因为这个决定使阿里巴巴的客户减少了三分之二，但是马云却坚定地要把诚信通服务推广下去。马云认为，客户的"质"远远重于客户的"量"。

启示录

金庸的小说《天龙八部》里有个珍珑棋局。要破解这个珍珑棋局，必须得先自杀一部分棋子，局面才会豁然开朗。不自断一臂，便会越下越进入对方的圈套，不能自拔。

置之死地而后生是一种战略。当公司的发展方向偏离轨道时，纠正必然有阵痛。马云宁愿损失三分之二的客户，也要坚持给诚信通收费。从长远来看，这是值得的：建立诚信体系就相当于退而结网；没有诚信而去拉客户，就是竭泽而渔。

成功的创业者都把诚信看得比产品质量更重要，有诚信才有口碑，才有源源不断的客户。俞敏洪把诚信看得十分重要。在非典时期，因为新东方开不了课，俞敏洪把学费全部退给了学生。俞敏洪坦言，就是借钱也要退给学生。李开复在谷歌四年，最大的贡献就是提高谷歌的搜索质量，把诚信放在第一位，尽管一开始谷歌可能发展得缓慢些，但是时间久了，讲究诚信的人和企业必定是走在最前面的。

一个人通过某个机遇挖到一桶金，不算成功，也不算有事业。只有你的事业持续增值的时候才叫有事业。你去打听打听那些真正富有的企业家，他们一定会告诉你，成功最重要的品质是诚信。

马云说："不愿意为诚信付费的客户，我们宁愿不要。"因为不重视诚信的人和阿里巴巴的价值观是不合的。一个企业如果真正认识到诚信的重要性，是愿意成为诚信通的客户的。马云认为，客户和阿里巴巴保持价值观一致，才会成为永久的合作伙伴。

自己讲诚信，也要选择诚信的客户，双方都讲诚信才是合作的长久之道。

信任的力量

我看重的是：第一，我们之间的信任；第二，在最困难的时候是否能相互支持，因为刚刚结合的时候就像度蜜月一样，总是开开心心的。但是在最倒霉的时候，他还能站在我的背后说："马云，我支持你。"这才是最重要的。当然我对他的职责是：每年做到的必须跟承诺的一样。这样他才会越来越信任我。然后他会带来他的关系、远见、胸怀、智慧，他会参加我的董事会，他带来的很多东西是别人没有的，是我自己没有的。

提要

马云在融资问题上更强调资方和项目方的信任关系，投资人不是投资给项目方，而是和项目方一起做一件事，两者彼此休戚相关，坦诚相待，默契配合。很多风险投资失败就是因为投资方和项目方没有这种相互信任的关系和同舟共济的精神。

启示录

马云给投资方和项目方之间的关系总结了一个公式，就是信任加同舟共济。就像夫妻关系一样，只有用这个公式来处理才能稳定而长久，否则项目失败的可能性会很高。

港湾网络就是这样一个例子。风险投资基金对港湾网络的发展起到过重要作用，从项目创立开始，港湾网络先后从华平、龙科创投等投资机构分三次获得了9800万美元的投资和数亿元的担保贷款。但港湾网络最终失败了，后来港湾网络的一位高管回忆："假如当初不是为了要上市，只是想着把这个企业做起来，可能做法就会不一样，结果也就不一样。如果当时不引进风险投资，项目是不是不能做？也能做，但不会这么快。成者王侯败者寇！"如果风险投资公司和港湾网络彼此有个信任关系，也许港湾网络不会失败。

马云和投资方的信任关系为什么能够处理得很好？因为马云融资的精髓是战略至上，阿里巴巴选择的融资都必须要有利于阿里巴巴的长期发展。阿里巴巴三次大融资都是基于不同的战略而引进的。第一次，为启动淘宝网融资8200万美元；第二次，为进军搜索引擎融资10亿美元；第三次，为冲进世界前三甲上市融资17亿美元。

第一次大融资的战略目标十分清晰：进军C2C，马云要做C2C领域的第一；第二次大融资的战略目标也非常清晰：进军搜索领域；第三次大融资的目标是上市。阿里巴巴并不缺钱，马云之所以向孙正义融资，是因为孙正义的影响力可以提升阿里巴巴的国际知名度；之所以向雅虎融资，是因为雅虎可以让阿里巴巴跨入国际企业行列；阿里巴巴的最终战略是要向全球扩张，进入世界电子商务领域的前三甲，要实现这个战略就必须走上市之路。

融资就像找对象

马云如是说

选投资者的时候，我们在美国选了高盛集团，它帮IBM、微软成为世界上最伟大的公司；我们要打入美国市场，要有强力的资金支持，我们找到了美国的富达远东风险投资公司；在欧洲，我们找到了InvestorAB，它成功地投资了爱立信、ABB等；在亚洲我们选择汇亚基金，它帮宏基从零做到了今天，中国的旺旺雪饼、康师傅是他们投资的典型案例；还有硅谷非常活跃的公司TDF。

我们有5家不是很有钱的投资公司，我们只要500万美元。我和他们说，找投资就像结婚一样，咱们双方最重要的是能在艰难的时候手拉着手，今天大家都很好，明天倒霉的时候你们必须在后边支撑我。在互联网最艰难的时候，我们的投资公司都在后边支持我们。我们从来没有改变我们的想法，还在一步步地走下去。

提要

马云在寻找风险投资的时候也是历尽艰辛，马云把融资看成是结婚，一辈子的大事绝对不能草率，所以马云在1999年已经没钱的时候，照样因为股份比例不合适而拒绝了投资商。没钱的情况下拒绝资金，宁缺毋滥，真需要一种勇气。

启示录

　　寻找投资也要拒绝诱惑，自己没钱也得娶个好老婆。什么是好老婆呢？支持老公事业的女人，而且还和老公有相同的价值观、相同的理想的女人。马云就在为阿里巴巴寻找这样的对象，他选择投资公司不是看投资公司的规模和大小，他只看与自己的价值观是不是一致。一致的不管多少钱，他都要；不一致的钱再多，也会拒绝。

　　在互联网行业最艰难的时候，马云所选择的投资公司在背后默默地支持着他们，从来没有试图改变他们的想法。因为马云的投资人都是经过千挑万选选出来的。

　　互联网草创时期，"以钱为主"是普遍现象。网站的创业者向风投出让控股权更是司空见惯，甚至中国最大的门户网站都没有逃过这条路，但是马云不走这条路。"以我为主"是马云自始至终坚持的融资之道。马云的"以我为主"具体体现为两个原则：一个是绝不出让控股权；另一个是主动挑选。即使在阿里巴巴最艰难的时刻，马云也不会为了钱什么条件都接受，一切还是以阿里巴巴的长远利益来看，钱不好，马云掉头就走；条件不好，马云也掉头就走。急功近利的不要，投了钱就走掉的也不要。马云要为阿里巴巴找的绝不是一夜情，而是能够跟阿里巴巴结婚的战略投资者。

　　最初，孙正义给马云投资是3500万美元，但是马云也只要了2000万美元。很多网站都苦于找不到钱，而马云却把到手的1500万美元退了回去。

　　马云融资"以我为主"，也对投资人负责。他主张与投资者风险共担。马云融到了孙正义的2000万美元之后，依然是抠门吝啬，依然坚持低工资的策略，依然几乎不做任何广告，因为他要为孙正义的钱负责。

不差钱

马云如是说

这第二步融资我也是脑袋一热，在几分钟内谈判成功。我很喜欢孙正义，孙正义也喜欢我。我拿到了5家投资者的钱，之后和孙正义喝茶聊天，我底气特别足，根本不是要钱。所以以后你们要去融资，和投资者讲的第一句话是：我不要钱！那你不要钱谈什么？要慢慢地、一步步地来。

提要

马云经常挑战投资者，他面对任何一个投资者都有一份强大的自信，这份自信使投资者唯阿里巴巴马首是瞻，因为马云知道，世界上钱有的是，但阿里巴巴却只有一个。所以马云说要钱的最高境界是不要钱，因为投资方都哄着你，选择权在你自己而不在投资方。

启示录

当无数苦苦找不到钱的网站疯狂追逐风投时，马云却在百般挑剔。马云能如此是因为他手中拥有一个一流的团队和一个潜力巨大的品牌。

阿里巴巴主管财务的彭蕾有一次陪马云去见风险投资商，地点是在杭州的一家酒店。彭蕾回忆："那家风险投资商还是汇亚，马云在跟投资商谈，我在一旁听。这是我第一次近距离看风险投资商，原来钱离我们这么近！都是上百万美元，心里痒痒的，很受诱惑。对方的条件还可以，而且我们已经无米下锅了。但马云却对投资商说：'我要考虑下。'说完到楼下的人行道上来回走，然后上来说：'对不起，我不能接受你们的条件。'我心里发虚，这么好的投资商不要，下一个还不知道什么时候碰见。"

马云经常拒绝投资商，因为马云并不看重钱，他更看重钱的背后——这个风险资金能够给他们带来除了钱以外的什么东西。

在马云眼中风险投资商是为马云服务的，而马云是为客户服务的。因此，马云有个经典的理论就是投资商只是阿里巴巴的娘舅，而客户才是阿里巴巴真正的父母。我们看马云去见孙正义的一个片段：

号称网络投资皇帝的孙正义问："你要多少钱？"马云说："我不要钱。""不要钱你找我干吗？""是朋友让我见你的。"马云又对孙正义说："我不需要钱，如果你有兴趣，我可以给你介绍一下阿里巴巴的情况。"孙正义当时还没有看过阿里巴巴的网站，他的助手打开电脑将阿里巴巴的网站调了出来，马云现场做介绍。6分钟后，孙正义决定投资阿里巴巴，但马云要孙正义答应两个条件：第一，要孙正义个人掏腰包投资阿里巴巴；第二，阿里巴巴必须以客户为中心，以阿里巴巴的长远发展为中心，不能只顾风险资本的短期利益。

事后，有很多拿着B2B商业计划书的项目方被软银拒绝，这些创业者很不解地问软银中华基金首席代表石明春为什么投资给马云，他连计划书都没有？石明春只能遗憾地告诉他们，因为马云杰出的煽动能力征服了大老板孙正义，这项投资与他们无关。

马云就这样不用计划书，不用疏通关系，融来了2000万美金，验证了他自己的话：投资的最高境界是不要钱！

投资者就是打工者

马云如是说

阿里巴巴的发展比较成熟，淘宝网和支付宝刚刚发力，中国雅虎还在治理中，阿里软件刚刚起来，5家公司在不同的发展阶段，捆在一起打仗很难，所以就分开来打。

阿里巴巴原来只有一个董事会，投资者都在里面，如果一个脑袋坏了，就全坏掉了，风险较大。分成5家公司，每家都成立独立的董事会，基本摆脱某一天被某家投资方控制的风险。

对股东，我尊重他们，我倾听他们，但我会按照自己的想法做；对员工，我倾听，但我会按照我认为对的去做；对于客户，大部分情况下我是跟着客户去走的。客户第一、员工第二、股东第三，上市后我还是如此，不会因为股市改变方向。

美国以杨致远为主，日本以孙正义为主，中国以我为主，这是大家合作的基础，我们是伙伴关系。

8年来，我问过所有的投资者哪个季度让他们失望过？哪个季度我没说到做到？我们每年做的都比说的好。

提要

对于处理与董事会、投资者的关系，马云的看法是董事会是决策机构，一定要有独立精神。对于投资者，马云的做法是，重要决定是自己拿，但是要多听取投资者的意见。马云一方面用自己的行动来证明给投资者看，自己说到做到，赢得投资者的信任；另一方面保持董事会的独立性，态度上尊重投资人，但是却不失去自己的原则。

启示录

保持董事会的独立性，还要尊重投资者。马云无疑是一个处理公共关系的高手。他是最善于处理关系的，他能够把投资者引导到他的价值观上来，而后又保持自己的独立性。但马云清楚地知道，要获得投资人的信任还得有一些实实在在的成果，所以马云每年总是设置一些可以实现的目标，以兑现给投资人的承诺。

投资人跟马云的合作方式都是马云独创的，他自己不用财务公司，不用投资银行。他说，这些顾问公司说的写的全都对，但是干起来全都是错的。其实马云是想自己掌控投资人的思路，所以他总是独创合作方式。比如马云和雅虎的合作，马云是这样分配的：整个股份，雅虎在阿里巴巴的经济利益是40%，拥有35%的投票权，董事会阿里巴巴占两席，雅虎占一席，软银占一席，所以这个公司还是在阿里巴巴的领导之下。马云对投资者的权力做了巧妙的分配，美国以杨致远为主，日本以孙正义为主，中国是马云为主。在董事会上，阿里巴巴占据了两个席位，阿里巴巴拥有绝对的话语权。因为阿里巴巴需要庞大的资金，所以为了避免资本独大的局面，马云又对五个下属公司分别设立董事会。这都是马云的高招，他说服务股东的理念就是客户第一、员工第二、股东第三，这样有利于阿里巴巴和股东利益的长远发展。紧接着并不缺钱的马云又上市融资，上市融资其实正是马云又一次稀释大股东权力的办法。

在融资上不要听信顾问公司和投资银行的，要根据自己企业的实际情况去判断采用什么样的方式合作，并非都是要么资本控股、要么就不能获得资金的局面，折中的办法是很多的。马云在找孙正义第二次融资建立淘宝网的时候，双方也是僵持不下，最终在会场休息的时候，马云想出了个折中的办法，把资金定在8200万美元，孙正义乐于接受了。正是因为马云极强的解决问题的能力，才使阿里巴巴与投资者的关系如此融洽。

创业者要谨记，独辟蹊径，不要拘泥于固有的经验，有时候自己想出的解决办法比惯用的模式可靠很多。

第六章

管理——领导者的最大盲点

员工第一

马云如是说

我们希望的第一大产品不是我们的淘宝，不是我们的天猫，不是我们的支付宝，也不是我们的阿里云，也不是我们的菜鸟……我们第一大产品是我们的员工，因为我们相信，我们的员工强大了，我们的产品自然会强大，我们的服务做好了，客户才会满意。

提要

马云说第一大产品是自己的员工。把员工放在第一位，这是马云的管理智慧。很多企业重视产品，重视业绩，却没有重视人才。马云这段话说明，对他而言，人才是第一位的。

启示录

马云强调只有员工强大了，产品才会强大，马云眼中的员工强大指的是员工的能力。马云很重视员工的能力，经常有各种培训，所以很多去阿里工作过的人，再出来的时候等于镀了一层金。马云的成功依仗自己的人才，包括创业开始时蔡崇信的加盟彻底扭转了阿里巴巴的命运。马云的观点是产品是人才的副产品，人才永远是第一位的。所以，马云的管理非常放松，在阿里巴巴，员工有很大的自由。培养员工的能力，而不是压榨员工的业余时间，这种管理方式才是正确的。只有员工能力强大了，业绩才会强大，一味压榨员工的业余时间，激起员工的反感情绪，会影响业绩的稳定。

敢于放手

马云如是说

具体的业务发展交给集团五虎将，他们比我聪明。淘宝网总裁孙彤宇（2008年辞去该职务）有90%的时间在考虑淘宝的发展，我最多20%，怎么可能比他聪明？

我要用最远的眼光看，用最大的胸怀去包容。

以前我自己拿着斧头往前冲，到后来指挥下面的兵马往前冲。以前睡两三个小时，起来就往前冲，没有累的感觉，有的是精力。今天突然发现，精力、体力跟10年以前不一样了，跟年轻人去拼，老将黄忠也是一刀被杀了。我们凭的是经验、胸怀和眼光，年轻人精力、体力都比你强，也比你聪明，他们可能干得更好。我强迫自己和原先所谓的高层团队全部脱离，我觉得我自己过渡得还可以。当然，我放手的时候，知道已经没有大问题。现在看不出来有谁可以打败淘宝，更看不出来有谁能在三五年内消灭阿里巴巴。

提要

从小公司到大公司，领导者的内心要得到一个彻底的锻炼。真正的掌权者恰恰是没有权力的人，因为真正的领导者总是从利他主义的角度出发，从而获得真正的权威。

启示录

马云将下面的人能否超越自己作为衡量领导能力优劣的标准。马云说："只有下面的人超越你的时候，你才是真正的领导者。如果你突然发现自己当了三年的领导，你的水平还是公司里最好的，那么你根本就不适合当领导。"

一个真正意义的领导者，必须得善于发挥团队的能力去做事，过去我们经常说领导力等于权力。而现在那些没有权力的领导者往往是真正的领导者。领导力专家巴尔多尼认为，那些先己后人的掌权者在采取行动时，总是从自身利益出发；而那些先人后己、手无寸权的人却总是以集体利益为重。而只有以集体利益为重的人，才能保证决策的科学，才能最大程度发挥成员的积极性，发挥群体的智慧。

善于发挥集体智慧的领导者，闲庭信步，公司却茁壮成长；不善于发挥集体智慧的领导者，整日忙碌，公司却越来越小。

联想集团的柳传志认为："诸葛亮之所以失败，是因为他不会培养人才，这是主要原因之一。诸葛亮在用兵点将的时候，我们很难看到核心团队成员的决策参与，更多的是诸葛亮个人的智慧判断。这种习惯导致后来蜀汉政权对诸葛亮的绝对依赖，广大谋臣及将领缺乏决策的实际锻炼。后来，他身居丞相高位，工作多亲历亲为，没有放手着力为蜀汉政权造就和培养后续人才，以至于造成'蜀中无大将，廖化做先锋'的局面。"

马云强迫自己和高管团队脱离，想做个隐者，把战场留给手下的大将。他懂得放权之道，懂得用人的大智慧。三个臭皮匠顶个诸葛亮，团队的智慧是无限的，一个人再有智慧也不可能通晓方方面面。

天下没有任何一个领导者是完美的，越追求完美的领导者，企业越难做大。真正的领导者，胸怀若海，容纳百川：看似无为，却胸有乾坤；看似无事，却事事心明；看似无权，实则权力至上。

包容之道

马云如是说

阿里巴巴人才济济，聪明人非常多。请记住，公司里面要有各种人，这个公司才是好公司。为什么动物园人们愿意去？就是因为有各种各样的动物，如果动物都是一样，那是养殖场，就没意思。我发现这个世界美妙的地方是可以看到各种各样的人。尤其在这个公司里面，你带着欣赏的眼光看别人，你怎么看怎么顺眼，你要讨厌一个人的时候，你怎么看怎么不顺眼。

提要

海纳百川，有容乃大。公司里面有各色人才，这个公司才是好公司。一个伟大的公司应该是一个平台，能让各样的人才在上面表演，发挥其才能。互联网公司是创意公司，人才的竞争就至关重要，人才越多，竞争力就越强。

启示录

容纳人才，需要领导者有宽广的胸怀。毛泽东讲过一句话：要全心全意为人民服务，一刻也不能脱离群众，一切从群众的利益出发。正是这样的理念，使得党凝聚了各种各样的人才，在党的队伍里，有受过高等教育的海外留学人员，也有大字不识几个的农民。之所以共产党能成就伟业，因为他们的目标是人民的利益，为了这个伟大的信仰，就能吸纳天下之才，只要有一技之长，均可为我所用。党取得最后的胜利，与庞大的群众力量是分不开的，所以陈毅曾经说，整个淮海战役的胜利都是人民群众用小推车推出来的。

与此类似，马云的阿里巴巴是一切以网商的利益为根本，网商就是马云的"人民"。不管是技术人才、销售人才，不管是"海龟""土鳖"，只要对阿里巴巴的发展有帮助，马云统统都需要。

对于互联网公司而言，多样化的人才是大规模协作的必要条件。阿里巴巴要引领电子商务时代，必须要大规模运作，多样化人才是必不可少的。

马云选择人才时不带个人情绪。马云说，当你带着欣赏的眼光看别人的时候，你怎么看怎么顺眼，但是你要讨厌一个人的时候，你怎么看怎么不顺眼。所以选人时要客观，不能带有主观情绪，否则可能错失良才。

马云不对员工许诺高薪，也从来不挖人、不留人。但他注重给员工提供一个良好的成长环境，能让他的员工心甘情愿地留在阿里巴巴，为实现梦想而奋斗。阿里巴巴从创建那天开始就是分散持股，甚至全员持股。蔡崇信曾回忆说："马云把他自己的很多股份慷慨地分发给18个创始人，注重团队，注重朋友义气。其他的互联网创办人都是自己占30%—70%，大股东永远是大老板，这样的公司能否持续发展就是个问题。马云提出公司是永远的，人是会换的。这是个健康的理念。"马云曾表示，在微软，盖茨持股已经不超过10%，杨致远在雅虎的持股更低，但他们的影响力是绝对的。马云就是要做一个对阿里巴巴有绝对影响力的人，而不是有绝对财富的人。

挖掘内部潜力

马云如是说

关于挖掘内部人才的问题我是这么看的，在你的公司内部一定会有人在能力上超过你，要想办法在你公司内部找到能超过自己的人，这就是你发现人才的能力。如果你找不到，那问题一定在你，你的眼光有问题，你的胸怀有问题，可能你的实力也有问题。比如你相信这个小伙子，认为这个人三五年以后一定超过自己，找出这样的人来，今天也许他有这样那样的问题，但是一定有这样的潜力。从结果上判断他，从过程上判断他，从他身边的人来判断他，还有很重要的一点是让他给你推荐他认为最优秀的人是谁，从这儿判断他是不是优秀的人才。

提要

马云重视人才，但是马云更大的智慧是能用好人才，管理好人才。马云用自己的管理手段挖掘阿里巴巴内部人才的潜力。因为人是资本不是成本，企业完全可以通过对人进行投资，极大地挖掘人的潜力使其增值，并且创造新的价值。

启示录

在阿里巴巴网商论坛广州站的主题演讲上，马云曾经在深入分析团队建设问题时这样说道："企业的领导干部永远是CEO最头疼的问题。"

的确如此，对于任何一个成长型企业来说，打造自己优秀的管理团队都是重中之重。正如马云所说："如果阿里巴巴想成为全世界十大网站之一，靠打游击不行。毛泽东是不可能靠游击队打下全中国的。最后是三大战役决定了最终的胜利，因此要有一大批将领才能保证胜利。"

2001年互联网寒冬时，马云不是让员工去拓展市场，而是拿出钱来开始培训，先培训主管，然后是中层、高层。培训课程是请外面专业公司设计的，18个创始人都必须去听课。阿里巴巴的管理层大多是技术出身，不懂现代化管理。对管理层的培训，使一大批技术出身、销售出身的干部懂得了现代化管理。

为了更好地挖掘内部人才、贯彻企业文化，阿里巴巴设置了大量的人力资源岗位。尽管从表面上看增加了企业成本，但是这些经过挑选后的人才在阿里巴巴的文化体系里一经培训和锻炼，便发挥出极大的能量，其带来的效益远远超出阿里巴巴招聘的成本。

马云重视培训，因为他清楚，培训可以发挥出员工的创造力，从而增强员工的归属感和荣誉感，使员工觉得自己在一个伟大的公司做一项伟大的事业。

被誉为"全球第一CEO"的杰克·韦尔奇说："CEO应该重视员工培训，而不是走走花架子，尤其是在管理层培训时。你找到最好的人才，你就获胜了，因为他们是最具创造性的、最活力四射的人才。最好的人才大多愿意到排名第一的企业工作，你的企业如果排名第一，那么就能得到最好的人才，这是良性循环。"

　　马云深知此理，所以马云表示，阿里巴巴要走80年，一开始目标就非常远大，要做全球性的伟大企业，并且使阿里巴巴的员工经过阿里巴巴的培训都能成为优秀的人才。阿里巴巴目前正在实现韦尔奇所说的这种良性循环。

把浑蛋变成不浑蛋

马云如是说

以前有人会说，我们的属下都是一批垃圾，没有一个好的。现在他们不讲这些话了。我发现他们改变了很多，我有一个朋友说，我要是你就好了，你手下都是这么好的人，我手下都是浑蛋。其实领导的工作就是把他们变得不是浑蛋，如果一年之后你公司里面还是些浑蛋，那问题就在于你。

提要

马云的独到之处在于用人。马云认为，没有不好的下属，只有不好的领导。下属不得力，肯定是领导的问题。一个好的领导就是一个雕刻师，能够把顽石雕刻成精美的礼品。

启示录

联想集团创始人柳传志说："人才是利润最高的商品，能够经营好人才的企业才是最终的大赢家。"然而并非某个人才就是为某个企业而出生的，人才再好，也要经过培训才能发挥作用。

马云创业之初，跟随他的的确很多是在市场上找不到工作的人，不得已才跟着马云干。因为创业之初，实在是太艰苦了，所以一开始，有人说马云的手下是一群垃圾，没有一个好的。

但马云却靠着这些手下把阿里巴巴做了起来。马云认为，一个企业最大的财富之一是员工。所以马云提出"把钱投在员工身上"的理念。马云说："我们认为与其把钱存在银行，不如把钱投在员工身上，我们坚信员工不成长，企业就不会成长。"因此，一向吝啬的马云，在培训投入上却是异常的慷慨大方。即使在阿里巴巴最不赚钱的时候，马云也投资了100万用于员工的培训、干部的培训。为了培养销售队伍，阿里巴巴又创建了名为"百年大计"的销售培训班。百年大计的培训内容主要是价值观，其次才是销售技巧。2008年，阿里巴巴在招聘销售人员的计划中写道：我们将花7个月时间培养一个新人，先是带薪培训1个月，接着是3个月试用期，试用期内只要签下一个单子就能转正。如果3个月签不到单，还有免死金牌计划，即他们还有3个月时间。算下来，相当于7个月内做成一单，就能正式转正。

阿里巴巴对新员工的培训一直延续到以后两个月的实习和考试中。考试每周都有，非常严格。不仅考绩效，还考价值观。

马云一揽子的人才培养计划使阿里巴巴成为了一个名副其实的"阿里学院"。跟随马云一起做事的员工现在很多已经成了阿里巴巴的领导阶层，成了能征善战的将军，因此，有人羡慕马云的手下都是精英，但是这些精英是靠心血培养出来的。

管理的秘诀

首先，有没有远见，这个远见必须是由使命感和价值观支撑的；第二，有没有战略；第三，有没有制度体系的保障；第四，有没有人才；第五，有没有文化。企业的发展是长期发展的过程，生意人可能抓住一票生意就发了，商人可能抓住一两个机会，两三年内也发了。企业可能10年都看不出什么东西，这就是最艰难的。

提要

马云把管理归结为：远见、战略、制度、人才、文化。这是马云总结的全部管理的秘诀。远见是愿景，战略是方向，制度是保证，人才是动力，文化是根本。任何一个公司如果在这五点上做好，管理就不会混乱，公司就会稳步做大。

启示录

马云与别人的不同之处在于他不但是一个价值观的提出者，更是一个不折不扣的执行者。很多创业者也会用很先进的理念来鼓励员工。但是，真正的区别在于，很多创业者一开始可能有三分钟热情，但是时间一久，创业初期的价值观和理念就不能执行下去了。马云却能够使他的团队永远保持在创业的兴奋之中。

马云是一个说到做到的人。马云为了培养自己的人才，还在公司实行轮岗制度，因为在阿里巴巴的框架里，不强调一个人要"专"下去。马云要把每个人都培养成能征善战的"通才"。在说到干部轮岗制度的时候，马云说："国家换一个省长、市长，一点反应也没有，这个制度值得学习。"马云一直认为，轮岗能为高潜质人才提供更大的发展空间和发挥创造力的平台，协助员工完成职业转型及职业生涯的飞跃式发展，同时也对现有人才产生极大激励，让组织充满活力，留住企业关键、核心人才。在马云的五个核心管理秘诀中，人才是最关键的，愿景是为了吸引人才服务的，制度是为了保证人才的积极性，文化也是为人才服务的。所以管理好人才、用好人才，是关键中的关键。

马云是用愿景来控制团队的，马云不希望别人为他工作，要为一个大家共同的目标去工作；马云是用制度来激励员工的，包括干部培训制度、轮岗制度等；马云是用文化来团结员工的，大家把阿里巴巴看成一个大家庭，有共同的价值观和文化。

一个都不能少

马云如是说

我觉得这场比赛确实比较难，因为5个人都是创业者。要把5个创业者，也就是5个都具有未来CEO特征的人聚在一起做一个团队是不容易的，因为每个人都以自我为中心，所以我经常讲把5个MBA捆在一起做事业很难成功，因为每一个人都想当CEO，每个人都有自己独特的观点，很少愿意帮助别人。

什么是团队呢？团队就是不要让另外一个人失败，不要让团队任何一个人失败。但在这个过程中，我们没有听见大家说我希望队长赢，我希望5号（夏霓）赢，我希望1号（韩小兵）赢。在整个比赛过程中我观察到很多细节，我注意到大家说："要是我上PK台，这个人拖着，我赢的可能性不大"。这个观念从一开始就错了。

提要

这是马云在《赢在中国》节目中的点评。马云的团队观念是重视整体，不能有个人英雄主义，CEO只允许有一个人，人人都是CEO就做不成事情了。因为CEO都有自己独特的领导理念，都有自己的思想。都来做CEO，彼此理念之间就会发生冲突，大家各自为政，谁也不听谁的。

启示录

创业者选择员工的时候，要找合适的人才而不是优秀的人才。

一个企业的崛起未必要多么优秀的人才。马云的阿里巴巴最初招聘的人，许多是那些在市场上找不到工作、不得不留在阿里巴巴的，正是这样一批人给阿里巴巴打下了最初的根基。

不管什么样的人，马云都能够人尽其才，他的任务就是把各种人才放置到合适的职位之上。如果人才放错了位置，将军之间互相争斗，士兵无所适从，那么这个团队就没有任何竞争力，就像马云谈到用人的时候所讲："我的脸每个部位拆开来看都还可以，但是合起来那么难看，有的人每个部位都不漂亮，但是在一起却很漂亮。如何让每一个人才发挥作用？这就像拉车，如果有的人往这拉，有的人往那拉，那方向就乱掉了。当你有一个傻瓜时，你会很痛苦；你有50个傻瓜时，你最幸福，吃饭、睡觉、上厕所都是排着队去的；你有一个聪明人时很带劲，你有50个聪明人实际上是最痛苦的，谁都不服谁。"

马云自始至终都清醒地知道自己在阿里巴巴的位置。他就是一个举旗起事之人、一个战略决策之人、一个调兵遣将之人、一个用人之人。就像刘邦无领兵之才而用韩信，无运筹帷幄之才而用张良一样，马云不懂管理，就请来了GE的高管关明生做COO，不懂财务就招来国际专家蔡崇信做CFO，不懂技术就从雅虎挖来吴炯做CTO。马云知道自己的长处和短处，也知道手下人的长处和短处，有知人知己的大将之才。

马云知道在合适的时间，做合适的事，用合适的人，所以阿里巴巴的团队没有一个人掉队。每个人都能在阿里巴巴找到自己的位置，最初和马云创业的17个伙伴，也根据相应的能力有的做了将军，有的做了连长或排长，这就是马云比别的企业家更高明的地方。

90%的人同意就要废掉

马云如是说

我以前有过这样的极端例子，在公司讨论会议上面如果90%的人都同意的事情一般我会把它否定，因为我相信任何事情只有在一半人反对、一半人同意、大家争论不休的时候往往最好，因为你的竞争者也在讨论，看你敢不敢走自己的路。

提要

李开复最喜欢的一句话是：树林里有两条路，我选择了人迹更少的一条路，从此决定了我一生的道路。马云也是这句话的践行者。马云知道只有人迹更少的路，才会有更多自己独享的风景，所以马云在创业初期就选择了一条与众不同的路。

启示录

创新的想法谁都会有。但是很多创业者并没有实现自己的想法，很多灵感一闪而过，创新足够，却经不起市场的考验。

创新都是有风险的，创新的东西肯定是有的人看好，有的人不看好。所以马云说，在公司的会议里面讨论，如果有一半人同意、一半人反对，这种争论不休的创意才是最好的创意。但是如果一个创意极少有人同意或者多数人都同意，这是不行的，这样的创意是值得推敲的。

一个好的事物应该是雅俗共赏的，有褒扬者，也就有贬抑者。曲高和寡与俗不可耐都不可取。

当大家讨论一个项目的时候，如果没有人反对，只有两种情况：第一，大家都没有对这个项目进行深入的思考；第二，大家对这个项目没有说实话。这时候，项目的创立者要好好审视自己的团队，是有什么因素阻碍了真实的声音，还是团队本身缺乏活力。

自己不能当英雄

马云如是说

一个公司的领导者，如果没人把你当英雄、你自己却把自己当英雄，你可能就已经开始失败了。我以我自己走过的路为例：小学不是在重点小学读书，中学也考不进，大学考了三年，还只考了个专科学校。因为我考的是外语专业，那一年男生招不满，才把我提为本科生，这种经历一直伴随着我。只不过我不放弃，我白天上班，晚上上夜校，觉得自己还是很勤奋的，资质却不是很好。别人看起来觉得我很聪明，其实我是很蠢的，所以我这种人很吃亏，心理压力很大。

我和身边的朋友、同学、校友交流，有些人非常聪明，有些人真的是奇才。所以去年我说：公司里有这么多优秀的年轻人，这么多聪明人在一起工作，就需要一个傻瓜去领导他们。大家想法很多的时候，只有我这个傻瓜说：嘿，事情是这么做的！我有两个最欣赏的人：一个是《阿甘正传》里的阿甘，还有一个是《皇帝的新装》里的那个小孩，那个小孩说"他没穿衣服"，这个就是真言。

提要

领导者最重要的是领导力，而不是权力。一个领导者在别人没有把你当英雄的时候，自己却以功臣自居，这是最悲哀的。同马云最初创业的十几个人确实被马云的魅力所吸引，但马云从来没有以领导者自居。他总是提醒自己，也提醒团队，一定要有谦虚的态度。

启示录

马云总说自己是不聪明的，他的员工和团队是聪明的，他把功劳都归在员工和团队身上。马云是个英雄，但是他很害怕被别人称为英雄。

因为马云要把阿里巴巴的团队建设成一个兼容并包的大家庭。如果只以马云为标杆，那么阿里巴巴的水平就到马云这儿终止了，发挥不出其他优秀成员的创造力。

一个好的领导者，以善用人才为大要旨，自己不要成为英雄。马云在阿里巴巴没有一点架子，非常平易近人。

蚂蚁金融服务集团CEO彭蕾这样评价马云："我们十几个创业者的确被马云的个人魅力所吸引。创业时期的那种经历决定我们是患难环境中成长起来的，患难之中见真情嘛。但我们从没有局限于上下级的关系，而是情同手足的感情，良师益友的关系。"一个好的领导者应该是一个团队的导师，培养出优秀的学生才是值得骄傲的。

马云说他的手下可以超越他的时候，他是最高兴的。因为这证明了他的领导力。刘邦带兵不过十万，韩信却多多益善，能率领千军万马。但刘邦是将将之才，韩信只有在刘邦手下其能力才能得到最大程度的发挥，在项羽手下就只能做个执戟郎。因为项羽认为自己就是英雄，不需要韩信。

因此，创业者要谨记：善用英雄之人，不可自己去做英雄，才可成大业。

思想要坦白

作为一个CEO，我不希望我手下的员工是奴隶，因为我控制了51%的股份，所以你们都听我的，没有意义。

我很希望在公司的管理过程中，员工能很坦诚地把自己的想法说出来。要想真正领导他们还必须要有独到眼光，必须比别人看得远，胸怀比别人广。所以我花很多时间去参加各种论坛，全世界跑：看硅谷的变化，看欧洲的变化，看日本的变化；看竞争者，看投资者，看自己的客户。看清楚以后，告诉他们：这是我们自己的发展方向！你一定要比投资者更具有说服力！投资者不可能跟我们一样去拜访客户。然后我会拿出一本计划书，我的同事也不可能拿出这本计划书来，所以我拿出这样的东西他们会觉得：好！我们就这么走！

提要

激情的调动是靠完善的价值观和科学的制度来实现的。创业之初，创业者完全可以依靠价值观和创业者的个人魅力来凝聚、团结员工。但公司发展起来之后，就需要有科学而合理的制度来约束。

启示录

　　创业公司一开始就要有自己的使命感、价值观，只有具有了共同的目标和使命，才能保持团队永远紧密、不可动摇。但随着一个企业的壮大，员工人数的增多，管理层的富裕，仅靠激情和价值观来维系团队激情是不够的，还需要有完善合理的制度，因为高管如果有钱了，就很难像在最初创业时候那样有艰苦奋斗的作风了。就像俞敏洪说的，我可以给员工每人一个胡萝卜，吸引着大家一起奋斗，但是当每个人都有胡萝卜的时候，那还有没有人继续这样奋斗呢？史玉柱在二次创业成功之后，就面临了这样的困局：

　　《征途》获得成功后，史玉柱的团队已经缺乏激情了。上市之前，公司除了史玉柱，员工基本上都以工资为主要收入；上市之后，一下子出现许多百万富翁，甚至千万富翁。虽然不存在必然的因果关系，但史玉柱认为这些"住着别墅，开着宝马上班"的研发人员不像以前那么拼命了，生活有了其他"干扰"。

　　史玉柱决定改革激励措施，这是解决创业激情的第一步。史玉柱决定，所有巨人的项目，每个项目独立成立一个新公司进行工商注册。在每个新公司中，集团投资51%，研发人员投资49%，每个项目独立核算，这等于又一次将研发人员抛入"没有安全感"的境地之中。

　　这个模式使研发人员又进入了创业状态。实行这个模式的最终目的，是出现史玉柱期待的大作品。

　　成熟的企业，制度依然是维系团队士气、激励团队激情的最有效保证。人才过多，不易每个人都被重视起来，那就不如分化成一些小公司，让每个人都成为实质意义上的"主人公"，这样每个人的积极性就能够最大程度地被调动起来。

管理是一种道

马云如是说

企业之间有很大的区别。因为去年我们已经实现了收支平衡，会员数达到了100万，到了这个位置，不知道往哪儿走了。我跟TCL李东生、日本索尼的老总在香港开了一个会，交流中，他们使我大为折服，做CEO做到这种地步很厉害。他们把管理看成"道"，有种非常清晰的管理理念。

波音公司一位曾经的老总讲公司发展战略时说，我们每一个企业都会问自己一个问题，我这个决定到底是错还是对？这个时候往往缺少一个东西，就是公司的发展战略。如果没有明确的发展战略是不行的。他说他当波音CEO的时候，波音公司的重心都放在民用航空上面，没有放在军事航空上面。因为如果发生军事危机，波音一定会面临很大的危险。所以"9.11"事件之后，波音没有受到很大的灾难。

提要

战略决定一切，真正的大管理都是"道"的管理，也就是战略的管理。一个公司必须得有战略，学会如何制订作战方案，才能使得公司在市场上牢牢站稳脚跟不动摇。有的公司只是风光一段时间，就黯然消寂下去了，这是因为没有掌握好公司的"道"。

启示录

公司在最初生存的时候，首先要解决的是活下去。等公司发展到一定规模，公司就必须要有战略性的规划。战略性的规划是让公司能够永久地生存下去的保证。

毛泽东就是一个战略大师，他非常重视战略，他曾经说过在战略上要藐视敌人，在战术上要重视敌人。在抗日战争结束之后，毛泽东做出了三大战役的战略决定，准备5年内打败国民党，统一全中国。为什么敢这么定？这是因为毛泽东知道国民党尽管表面实力强大，但是最终必败。毛泽东深知，真正的战争伟力藏在民众之中，人民是胜利之本。这是我党的大方向，真正的胜利不是城池的暂时得失，而是民心。所以三大战役一打响，仅用了3年的时间，国民党的军队就摧枯拉朽般崩溃了。我党把军队定位在依靠人民上，取得最后的胜利也是必然的。

波音公司的老总把波音紧紧定位在军事航空和民用航空并重的位置上，这就等于给公司上了双重保险，民用领域发生危机，军事领域可以支撑；军事领域发生危机，民用领域可以支撑。这种公司大方向的定位能够保证公司在市场上永久生存。

马云的感悟也是这样，他觉得正确进行阿里巴巴的战略定位才是一个真正的CEO该做的事情，把握着公司的方向，使公司的生命力可以永续下去。

CEO的定力

马云如是说

　　面对这样的经济危机，要处理这样的问题，我自己有两个想法。第一，中国有句话叫人定胜天。这个"定"不是一定的"定"，是镇定的"定"，人要镇定下来，才能够应付各种各样的灾难。也就是说在所有人头脑发热的时候，你必须镇定冷静下来；在所有人恐慌的时候，你不能恐慌。第二，任何一次商业危机，都是一家伟大公司抓住机会的时候，最好的机会一定在危险之中。我们的企业经历过几次危机，当然，这次的危机是100年才能碰上一次的危险，同样它也是100年才有可能碰上的成长机会。我是充满着期待，希望把这次危险变成一个机会。我从来没有像现在一样，有着那种既看到危险又看到机会的兴奋感。

提要

　　2008年，面对世界性的经济危机，马云与日本知名企业家稻盛和夫探讨什么是真正的企业家精神。真正的企业家精神就是最有定力的CEO，不管面临什么样的内忧外患，都有足够的镇定来稳住公司的波动。

启示录

中国缺乏真正的企业家，企业家的真正管理方法是在管理之外的。马云不去做管理的具体工作，但是他能够把整个阿里巴巴管理得非常有秩序。

优秀的人才之所以依附着你，是因为你有足够的魅力，这魅力就是内在的修养，这是管理之外的东西。这样的魅力体现在面对内忧外患时你的决断上，是不是谋大局，看长远。毛泽东很少拿枪打仗，但是他却是一个优秀的军事家。

毛泽东说过：与天斗，其乐无穷；与地斗，其乐无穷；与人斗，其乐无穷。这表现出了一种藐视困难的大无畏精神。这是真正的领导者风范，其言谈话语不严自威。毛泽东甚至把帝国主义和反动派都看成纸老虎，在他眼中没有困难是不可以克服的。

如果把企业看成一个国家，那么企业家就要像国家的最高决策者一样有挑战一切困难的果敢和勇气，有做大事的修为和胸怀。

企业家要做到处变不惊，面对各种突发事件都能够应付自如，因为不管是企业外部还是内部，在面临危机时候都会有许多矛盾爆发出来，企业家的智慧和胸怀应该像水一般，润泽万物。这样不但能平息矛盾，还可以在矛盾中看到机会。

马云是一个战略家、企业家，更是一个为人处世的专家。马云管理企业的精髓都在管理之外，他一直在做最好的自己，修炼定力，修炼胸怀，修炼眼光，所以阿里巴巴无论碰到什么困难，马云都能看出问题，指明方向，他的团队按他的思路去执行即可。

一个好的领导要时刻注重修炼自身，以保证有清醒的头脑来判断方向，因为他的判断不能有错误，一步错，就可能给公司带来灭顶之灾。有很多企业家聘请管理人员，去听管理课程，学习财务知识，制定先进制度，但是企业家如果没有良好的自身修养，只靠这些工具性的东西，对公司的发展是没多大作用的。

第七章

智慧——以小搏大的法门

从没想过当首富

我从第一天开始就没想过当首富，所以，我才会把公司股份稀释成这个样子。但是，我没想到，尽管我把自己的股份降到8%，还是有那么多。这是我没想到的。

提要

马云一开始只想自己做一番事业，不想教一辈子书，他的梦想没有那么大。一开始他只是想做点小生意，他说过，当时哪怕有机会开个饭馆也可以。所以，他的目标其实很小，但是随着事业的发展，他的视野开始变大、变广，所交往的人从草根到总统，形形色色。马云也最终成了中国最富有的人之一。

启示录

目标是随着发展阶段不同而不断变化的。有句话说得好：世界上唯一不变的就是改变，一开始时目标不切实际，一旦出现挫折，就很容易产生挫败感，灰心丧气，觉得目标遥不可及。有很多企业创始人一开始目标很高大上，但是做不多久，迫于现实的压力，目标又得调整。有的企业一开始目标并不大，但随着事业和环境的变化，目标就开始变大，马云是这样，"老干妈"品牌创始人陶华碧也是这样。所以，很多人想，企业做大或做不大是不是与财命有关系，于是很多做生意的人开始相信命运，认为赚钱多少与财命有着必然的联系。其实，企业发展好坏与财命关系倒不大，与环境、机遇、个人能力关系却很大。一个人的能力也是在不同的环境中塑造出来的，而机遇又是可遇不可求的，就像马云说的，他之所以能成功，做这么大，是因为赶上了互联网时代的机遇。所以，我们不必羡慕马云，每个人有每个人的不同境遇，自然也有每个人的不同机遇。我们不一定像马云一样世人尽知，只要自己一生不虚度就够了。

拿什么行走江湖

马云如是说

何为笑傲江湖？"笑"，有眼光、有胸怀才能笑；"傲"，有骄傲才能傲，网络就是江湖。网络是非常不景气的。这些年走过来，我听到过很多人骂阿里巴巴一分钱不赚，什么也没练好，脸皮倒是练得很厚。1995年做网络，人家认为我们是骗子；1997年提出中国黄页，人家认为我们是疯子；现在认为我们是狂人。我们不在乎别人怎么说，坚持自己是对的就做下去。冤枉、误解在网络中是很正常的。我自己觉得脸皮倒真是越来越厚了。

提要

2000年，马云在杭州召开第一届"西湖论剑"，此时正是互联网的转折期，一直火爆的互联网神话在纳斯达克一路下跌，互联网分析人士把这一年称为"从黄金到垃圾的一年"，当时很多正热的互联网模式几乎都被称为垃圾模式。而马云的B2B则被称为垃圾中的垃圾。

启示录

商场就是江湖，创业就是行走江湖。创业者中，有的人可以拔刀亮剑，笑傲江湖；有的人却刀未出鞘，就已江湖梦断。

笑傲江湖者，对自己的武功有着清晰的了解，知道自己一定能在武林中屹立不倒。江湖梦断者，对自己的武功认识不清，在武林中战战兢兢，一遇高手，便落荒而逃。

创业时，笑傲江湖的本钱来自于对事业成功的信心，认为事业一定可以做成，整个团队和创业者都有这样的信心，所以面对暂时的失败，才能有胸怀去坦然面对，才能有眼光继续奔向未来；因为有这样的信心，才能站在失败的废墟上继续骄傲地抬起头颅，藐视嘲讽和委屈。

马云认为，自己的B2B终究会崛起，不管现在市场是否认可，人们是否明白，他对自己的事业都有着强烈的信心，他非常清楚自己在做什么，也知道自己能做成什么。这就是马云的"神功"，强大的信心让他有能力和勇气去面对任何失败和嘲讽。所以成功后的马云说过一句话："男人的胸怀是被委屈撑大的。"其实，与其这样讲，还不如说因为有强烈的信心，才能有容纳委屈的勇气。

对事业成功的强烈信心是笑傲江湖的本钱，是决胜商场的法宝。因为信心，我们不再害怕失败；因为信心，我们不再恐惧黑夜。信心是生命里的明灯，照亮的不仅是未来的路，还有路上的风景。在路上，我们可以欣赏挫折和委屈、误解和质疑。

换个角度看世界

马云如是说

我一直认为人一辈子都在创业。以前深圳有一个口号叫"二次创业",我不太同意这个,同一批领导是没有办法二次创业的,因为从第一天创业起你就一直在创业。怎么创业?我觉得首先你要另眼看世界,其实这两年我好像不太在乎别人怎么看。我从来不相信互联网分析师,这些人说起来是对的,干起来是错的。我也不太相信媒体。

提要

拥有与众不同的眼光是创业者必备的素质,创业者要学会另眼看世界,换个角度看问题,才能发现别人发现不了的商机。就像李彦宏最初回国创业的时候,他发现中国还没有中文搜索引擎,这是个市场空白。创业者一定要有一双敏锐的、善于发现的眼睛。

启示录

财富总是蕴藏在奇思妙想中,创意就是印钞机。只要寻找到市场的空白点,找到一个比较好的创意,就有可能成就伟大的商业奇迹。但要想找到市场的空白点,就必须学会另眼看世界,换个角度看问题。

　　创立了分众传媒的江南春，通过观察电梯口等待的人们，得出一个结论，人们在无聊的时候，并不是只在意内容的。于是他觉得应该创建一个用于电梯口的传媒平台。这个想法一提出，就遭到很多人的反对。人们都认为在电梯口只播放广告是不可能的。但江南春认为世界上最难看的杂志是航空杂志，可很多人在飞机上都会看。在没有选择的无聊时候，内容枯燥的东西大家也会看。

　　江南春看准了这个市场。2002年底，江南春首度在上海推出了商业楼宇联播网，创立分众传媒。接下来的三年时间里，播着广告的液晶电视遍布了各大城市的商务楼宇、高档公寓和大型卖场。江南春因此获得了软银、高盛等众多国际知名投资机构的青睐。现在江南春所经营的分众传媒已经成为中国最大的楼宇电视广告商，其在90多个城市安装的数字户外广告终端覆盖了7万多栋楼宇16万部电梯。江南春说："只要你能找到一种全新的商业方式，你就能创造超额的利润。很多人觉得创业是一件很艰难的事，但是其实很多时候，你换一个角度就会看到一个全新的产业。"

　　江南春和马云都是善于另眼看世界的人。另眼看世界，是一种反向思维、一种细心的态度。只要善于观察，你就会发现其实商机无处不在。

一定要有突破点

马云如是说

我发现这几场比赛下来，没人说你特别好，也没人说你特别坏，年龄小不是一个弱项，但是，如果没人说你好，没人说你坏，你就要去想想看，自己在这里创造了什么样的价值。就本场比赛而言，我希望你记住一点，做任何事，必须要有突破，没有突破，就等于没做，回忆一下，你去做事为什么无功而返？你要怎么去突破？所以我希望你今后在做事的过程中，一定要有突破点。

提要

这是马云在2007年的《赢在中国》节目中的点评。现实中，打破常规相当困难，但是面临困境的时候，只要换个角度，换个思路，就可以在似乎绝望的困境中寻找到希望，创造出新的生机，取得出人意料的胜利。

启示录

创业者怎么样才能具有创新的思维呢？

法国科学家法伯做过一个有名的"毛毛虫实验"。他在一只花盆的边缘摆放了一些毛毛虫，让它们首尾相接围成一个圈，与此同时，在离花盆边缘6英寸远的地方撒了一些它们最喜欢吃的松针。由于这些虫子天生有一种"跟随者"的习性，因此它们一只跟着一只，绕着花盆边一圈一圈地行走。时间慢慢地过去，一分钟、一小时、一天……毛毛虫就这样固执地兜着圈子，一直到饿死。

毛毛虫的实验告诉我们，封闭的思维模式，很容易形成盲从和跟随。在市场营销中，当我们面对难以解决的问题时，只有突破思维定势、打破常规、以超常思维来解决新问题，才能使企业不断获得新的商机。

多年以前，丰田公司发现，世界上有许多人想购买奔驰车，但由于价格太高而无法实现。于是，丰田公司的工程师着手开发凌志汽车。丰田公司在美国宣传凌志时，将凌志图片和奔驰图片并列在一起，用大标题写道：用36000美元就可以买到价值73000美元的汽车，这在历史上还是第一次。经销商列出了潜在的顾客名单，并送给他们精美的礼盒，内装展现凌志汽车性能的录像带。录像带中有这样一段内容：一位工程师将一杯水分别放在奔驰和凌志的发动机盖上，当汽车发动时，奔驰车上的水晃动起来，而凌志车上的水却没有动，这说明凌志发动机行驶时更平稳。面对这一突如其来的挑战，奔驰公司不得不重新考虑定价策略。但出人意料的是，奔驰公司并没有采取跟随降价的办法，而是相反，提高了自己的价格。对此，奔驰公司的解释只有一句话：奔驰是富裕家庭的车，和凌志不在同一档次。奔驰公司认为，如果降价，就等于承认自己定价过高，虽然一时可以争取到一定的市场份额，但失去市场忠诚度，消费者会转向定价更低的公司；如果保持价格不变，其销售额也会不断下降。只有提高价格，增加更多的保证和服务，例如免费维修6年，才可以巩固奔驰原有的地位。就这样，奔驰公司不跟随、不盲从，而是以超常思维和手段，化被动为主动，摆脱了来自丰田的挑战。

在商业实践中，以超常思维改变思维定势，对于企业营销的成败具有非凡意义，其功效在于出其不意，独辟蹊径，而这恰恰是现代商人所应具备的思维品质。

"三不听"原则

马云如是说

我相信如果大家查一下2001年、2002年的新闻，会发现批评阿里巴巴的人很多。一个论坛上讲，阿里巴巴想要成功无异于把一艘万吨巨轮放到珠穆朗玛峰上，可能性很低。当时我们的几个原则是：第一不听媒体，第二不听专家，第三不听风险投资公司，我们只听客户的。为什么不听媒体？媒体今天说你很好，明天就会说你很糟糕。我们并没有追着媒体转，也没有追着所谓的互联网专家转，我对那些互联网专家挺头痛。我觉得整个互联网那时候也就三五年的历史，但这些人讲起互联网来好像有30年的经验。不要去听那些专家，在座所有的中国企业家记住，我不太用这些大牌咨询公司，咨询公司的这帮人出来讲讲都是对的，做起来全是错的，而且都是你的错，他是不会错的，每次听起来都很好，但真正管用的不多。

提要

不听专家的话，不听媒体的话，不听风险投资公司的话，这是马云的宗旨，最重要的是听客户的。但是这点说起来容易，做起来难，要真正做到不听专家和媒体的话，自己时刻都得保持头脑清醒和判断力准确。要真正做到不听风险投资公司的话，需要很强大的公关能力来协调，还需要自己有足够的影响力来影响风险投资公司。

启示录

马云不听专家的话，因为互联网讲究速度，那些专家根本没做过互联网，只会纸上谈兵。当专家讨论模式的时候，马云的思维早已经脱离模式了；当专家认为马云的模式不可能成功的时候，马云的阿里巴巴已经在海外名声大振。

马云擅长反过来看问题，专家和媒体的话都是公开的，如果他们说的都对，那么创业者就都能成功了。但是100个人创业会有99个失败，原因首先就是创业者的眼光不同。专家认为B2B模式行不通，认为中国企业都有自己的销售渠道，尤其是传统行业，渠道都是固定的。但是马云却找到了中小企业，以这些迫切需要拓展市场的客户作为目标客户，找到了美国的进口商来帮助国内企业销售产品。鉴于网络的诚信问题，马云又开通了"诚信通"，凡是加入"诚信通"的用户信誉度就高，但"诚信通"收费高，这是收取的诚信费用。阿里巴巴在连年亏损之后，终于实现赢利，并且赢利额年年递增。

在经济学上有个交易成本的概念，交易成本之所以存在就是信息不对称造成的。所以人们在交易的时候所花费的成本要远远大于物品的实际价格。阿里巴巴就是要解决信息交易成本，使买方和卖方在一个平台上公平交易。另外，阿里巴巴也省了渠道费用，不再通过中间商，商家所需要支付的只是一小部分服务费。这样来分析的话，商家完全应该充分利用阿里巴巴，为什么专家、媒体还说做不起来呢？因为第一，当时互联网处于低潮，还没有一家做B2B成功的企业；第二，中国的电子商务还没有成熟，消费习惯尚未培养成。马云用行动来解决问题，而专家学者往往是从理论角度来看问题。

不做第一就不投资

马云如是说

不要问自己能做什么，而要问自己想做什么，该做什么，该不该做。这是每一个企业家都要问的。我发现很多企业家很有钱，投资房地产什么都可以。中国有一个很有名的房地产商跟我谈：马云你现在有这么多钱，你应该搞房地产投资，捞一把。

我在这里给大家一个建议，一个国家要强大需要一个军队，资金放在那里，可以稳定军心，但是一旦你宣布进入这个领域，你必须获胜。一个企业也一样，在进军的时候，你说我今天在这个里面最好，但是我打入这个领域一定要成为number one.

提要

2005年，正是阿里巴巴强劲发展的时候，马云的声望如日中天，他刚刚获得2004年的经济年度人物的荣誉，社会和市场对马云充满崇拜和赞扬。马云面对诱惑和荣耀，该如何把握，能不能对诱惑说不，正是体现他做大事者胸怀的关键时刻。很多企业都是在极盛时期走了弯路，结果在市场上昙花一现，之后销声匿迹。

启示录

2005年，马云说网商用户已经超过600万，如果按照每个用户每年交8000元计算的话，阿里巴巴的收入就是480亿。有钱后的马云没有被胜利冲昏头脑，正如他自己所说的，一个国家需要一个强大的军队，而资金放在那里能够稳定军心。宣布进入一个陌生的领域，就必须得拿第一。

不管公司鼎盛时期，还是公司艰难时期，马云总是把"军心"稳定看得最重要。阿里巴巴的价值观和团队文化塑造起来了，就形成了阿里巴巴的灵魂，稳定不可移动。所以马云不肯轻易涉足其他领域，一是没有把握，二是害怕军心涣散。马云坚决抵制外面的诱惑，不是为自己，而是为团队。因为他的员工未必有这样的意志力，如果各个行业纷纷上马，就会使员工的心变得浮躁而功利。

一个优秀的企业家，难的不是进攻，而是如何拒绝，拒绝鲜花和掌声，拒绝欲望和功利。马云拒绝诱惑，并不拒绝利润；拒绝向其他行业扩张，并不拒绝在互联网行业扩张。马云拒绝的是脱离互联网，因为他的团队是一支网络大军。学会拒绝，还要学会拒绝什么，这才是真正的智慧。

创造则生　模仿则死

马云如是说

　　这两年我发现一个很有意思的事情，传统企业做得好的人把传统企业搬到互联网上，基本上没有成功的。互联网做得成功的，往往是传统企业里面做得不太成功的，一上网以后就做得很成功了。媒体谁做得最好？新浪做得最好，几乎打败了所有报纸。阿里巴巴当年跟环球资源进行竞争，环球资源在杂志方面做得很好，他们认为可以把自己的杂志搬到网上，很多客户会用。阿里巴巴没有任何做杂志的经验，没有海外经验，几年后，他们与我们的距离越来越大。

　　传统企业用传统的眼光看互联网，互联网用互联网的眼光看传统企业。如果你从传统企业看的话，一开始你会因为自己有什么而去想着做什么。我有自己的资源，所以我想先做这个，我估计我能成功。一个是平地而起，一个是在改造。在互联网领域要创造，而不是去复制，复制就很累。在互联网领域，创造者、进攻者永远有机会，中国最大的机会在于我们一切都是新的。

提要

　　互联网和传统行业的思维不一样，互联网更讲究速度和效率。相对于

190

传统公司，互联网的生命周期更短，更新淘汰也更快，要在互联网公司中胜出，就要成为一个进攻者、创造者，这才有机会，模仿必死！

启示录

中国所有互联网企业都能在美国找到自己的样板，例如新浪、搜狐和网易是雅虎的模仿者，百度是Google的模仿者。唯有阿里巴巴，"从最初就是中国胚胎"。互联网拒绝模仿，在门户网站刚刚推出的时候，中国还没有门户网站。很快，网易、新浪、搜狐三足鼎立，后续的模仿者，包括TOM、腾讯，都是在依靠互联网其他业务的支撑。

为什么传统行业进入互联网业一做就死？因为传统行业进来之后，也是模仿互联网的模式，没有创新，但传统行业的资源优势却不是互联网。传统行业进入互联网领域的门槛非常高，一切得从零学起。所以传统行业做互联网很少有成功的。李嘉诚曾经说不介入互联网行业。但是他却支持自己的儿子办起了TOM网站。TOM网站虽然成功了，但是谈及这个网站的时候，李嘉诚却说："投资这个网站，是因为花的钱不多。"李嘉诚是抱着拿出一个亿来玩玩的心态来投资这个项目，另外也是为了支持自己的儿子。但TOM网的创办人李泽楷是做电子信息出身，相关的资源丰富，所以增值服务成为了TOM的主要收入模式。

在互联网行业要善于创新，不能模仿，除非你有李嘉诚那样强大的资金优势作为支持，因为互联网的推广烧钱是很厉害的。要想在互联网的江湖占据一席之地，你就要自立门派，学别人的东西是不会成功的。马云认为，在互联网行业创业，不能一味模仿、抄袭，应该独辟蹊径，走差异化道路。小型网络公司不要去做大型网站的事情，应该做大型网站做不了的东西，做自己最喜欢的、自己最能做的事情，要成为大型网络公司的补充者，而不是竞争者。这是互联网的创业思维。但是传统行业的思维，往往是成为市场上的一个竞争者，而不是补充者。通常的惯例都是有一个生产厂家，再建立一个，两者相互竞争。因为传统行业几个客户就能维持运营。争夺客户资源对企业的生存至关重要。而互联网是信息行业，必须靠大量客户才能支撑，所以必须独辟蹊径，开拓蓝海，垄断某个领域的客户才是互联网的生存之道。

在BBC的一次演讲

马云如是说

我一次到伦敦，我的公关经理告诉我们，下午6点15分，BBC电视台采访，他们是录播，不是直播的。让我准备一下5个题目。我从来不准备，所以我就说没关系我不用看。下午3点BBC又发一个传真，让我一定要仔细看。6点进了BBC，还是拿出那5个题目，一定要我仔细准备，那我就准备一下。等到了上演讲台，主持人说现在是BBC总部全球直播，有三亿人看。摄像师把镜头切过来。主持人问我问题，跟我准备的那5个问题一点关系都没有。他问：你是中国的公司，你在英国创立分公司，你会成功吗？你想当百万富翁吗？你认为你可以当百万富翁吗？你当得了百万富翁吗？一下就把我问蒙了。我当时很紧张，但脸上还是微笑着跟他讲。结束之后我说，我们会证明我们能活下去，而且活得还很不错。

提要

马云最擅长的是演讲，他出口成章，信手拈来，被称为天才的演讲家，他把演讲看成自己的公关手段之一。但是马云这个互联网江湖里最能侃的演讲天才，也曾遭遇过尴尬，这段经历表明，马云不是天生的演讲高手，为了成为一个演讲高手，他也经历了许多磨难、修炼，他也会被问蒙，但是正是这种尴尬，才成了马云自我升级的动力，在以后的演讲中，马云的技能越来越熟练。

启示录

马云说真正公关的秘诀就是永远讲真话，讲真话才会为自己赢得口碑和信任，才会提升自己的形象。马云经常面对媒体自曝其弊，他说的最多的就是失败和教训，的确，马云经历了太多的失败和教训。这些经历对观众是一种激励，使他获得了大量粉丝的崇拜，毕竟每个人都不是天才，也不是每个人都有好的机遇。大多数人都在经历着失败，在失败中苦寻解脱。马云这个成功人物的演讲无疑给他们打了一针强心剂。马云靠励志的演讲、独特的思维成为社会的聚光灯，正因为如此，也才引起了媒体的广泛关注，他比其他的创业者更具有明星气质。

马云不断地讲失败，而不是光环，使得他的讲话更具有真实性和可靠性。2001年，一名网友曾经问马云：为什么公关能力这么强？到底有什么秘诀？马云说，秘诀就是永远讲真话。马云是一个不花钱做广告的高手，因为他让大众成为自动的口碑传播者，来传播他的思维、他的理想、他的与众不同。马云在2002年曾经说："自2002年开始，我们在国内外的广告预算为零预算。尽管零预算，但是我们的会员数量已经达到120万，越做越大，靠的就是口碑相传。"马云非常了解公众最敏感的神经，也非常清楚讲什么公众会关心、会兴奋。

创业之中的阵痛就像马云自己所说的，即使自己最赖以自豪的演讲，也曾经遭遇异常尴尬的局面。这证明其实没有什么天才，真正的天才，都是在失败的废墟上爬起来的。所以任何创业者无论现在是个什么样的状况，都不要气馁，跌倒了，就再爬起来，胜利一定属于你。

"破剑式"出招

马云如是说

在互联网最缺钱的时候阿里巴巴不烧钱，但是现在，互联网不烧钱的时候，阿里巴巴应该烧钱了。因为我们既然要去做广告，就不应该像撒胡椒粉那样，所以我们选择了美国大选期间，去CNBC做广告。我们这么做不是为了阿里巴巴，而是为了阿里巴巴的客户。就像金庸小说里的"破剑式"那样，在大家出其不意的时候出招。人家都在轻轻唱歌的时候，你大声歌唱。大家都不花钱的时候，我们开始烧钱。

提要

2004年，马云开始在中国的媒体大规模烧钱做广告，这一年很多互联网公司都悄然隐身。在互联网公司争相烧钱的时候，马云不烧钱，但当人们都不烧钱的时候，马云开始烧钱。阿里巴巴的广告预算不高，但是却给人一种大手笔的感觉，这得益于马云独特的宣传策略。

启示录

马云曾经说自己拜佛专门去破庙。做生意就要出其不意，别人都在做的事情，你去做，那就显不出你的优势。只有别人不走的路，你去走，才会受到关注，才会领略到独特的风景，取得"四两拨千斤"的效果。马云坦言，自己广告预算并不高，但是马云的广告投放却总给人以大公司出手的感觉，马云在广告传播上也是善于打破传统思维。他曾经说过自己做广告的两个原则：第一，不做大多数，多数互联网公司都不做广告时，我则大举进攻；第二，投广告不能像撒胡椒面一样，要做就重拳出击。

同一个行业的推广，要想突出自己，就得是大家都偃旗息鼓的时候你擂鼓而行，这时候社会就会对你广泛关注，另眼相看。

营销的本质是先有知名度，在知名度中再有美誉度。知名度靠推广，美誉度靠口碑，阿里巴巴是个综合性的网络公司，需要各行各业最广泛的客户基础。所以要推广知名度，马云推广的方式跟别人不同，他推广电子商务时代，推广自己的诚信，推广阿里巴巴的经历和价值观。他把知名度和美誉度一起推广，产品不能自己说好，可以说自己的心血和构思，你的心血用得多，那么你的产品消费者自然就会关注，如果消费体验再能够做到位的话，产品的畅销自然是水到渠成。

国内不少电子商务网站，比如宠物网、玩具网以及家具网都在红火一段时间之后销声匿迹了。更知名的，如8848、美商网等，也都是迅速崛起，迅速衰落，因为没有抓住营销的本质，无论怎么推广，都是靠媒体和社会的推动力，没有激发消费者内心的驱动力。而马云的推广却是抓住了客户最敏感的神经，他不需要给媒体烧钱，依靠的是民众和消费者来帮他传播。

给客户回扣？NO

马云如是说

大家去看看企业里面是不是这样运行：拿50万的订单，你要给客户5000元的回扣。所以当时我们为此召开了一项会议，我们要不要给客户回扣？如果你是一个中小型企业的老板，你上阿里巴巴做生意，阿里巴巴给了你员工5000元的回扣，我如果是那个老板，我会觉得特别恶心。后来我觉得不管怎么样我们就是不给公司回扣。做出这个决定很难，但是今天正因为这个决定，我们在我们的客户当中，树立了一个很好的口碑。但是当时这个决定是比较难的，所以好的决定都是难的。

提要

马云曾多次提出拒绝回扣。现代社会的销售，回扣已经成为一个普遍现象，马云却敢于对回扣说"不"。马云认为，越是注重品牌的公司，越不能在价格上让步，如果一个客户因为回扣才做生意，而不是因为公司本身的服务，那么这样的客户宁愿不要。

启示录

马云总是从长远发展来考虑问题。他认为，越是成长期的企业，就越要注意不能功利，一旦出现功利的思想，就会让企业走入弯路。企业的信誉丢失，路走错了，那么再回头的成本就相当高了。所以从一开始，就应该一身正气。

马云在公司统一规定，员工绝对不能给客户回扣。宁愿流失客户，也不能流失品牌和信誉。这是马云的宗旨，做出这个决定，几乎就是在向销售领域的习惯挑战。作为一个还在成长期的公司，这个决定会很难，在短期内流失客户和营销人才是肯定的。

但是恰因为这个决定，阿里巴巴在客户当中，树立了一个很好的口碑。对于创业型的企业家，要不断地拒绝各种因为生存所需而出现的诱惑。做公司不能"有奶就是娘"，应该是"找到好妈妈，才会有好奶"。

马云拒绝不良的习惯、不良的客户，甚至拒绝不良的投资，凡是跟马云投资理念不符的资金，马云都一律拒之门外。对于营销，很多人只重视"销"，而忽略了"营"，这就是马云的观点，既要重视销更要重视营，因为只有"营"做好了，"销"才会做好。公司先把影响力做起来，市场的销售才会带动。蒙牛冠名超级女声，砸进去一个亿，结果使蒙牛酸酸乳的销售一下子增长了25倍。这就是活动带来的影响，貌似投资娱乐，却直指销售本质。

营销的真正境界是指此打彼，马云不要回扣，恰恰是想获得更多的销售额。牛根生不要财富恰恰是为了获得更多的财富，因为"财散人聚"，只有人才跟着你一起做事，你才能把财富蛋糕做大。拒绝一个不讲诚信的客户，会换来千万个讲诚信的客户；拒绝一种诱惑，会赢得更多的专注。有时候，拒绝也是一种收获。

对内也要公关

马云如是说

要不断地完善自己，有时候对内公关要比对外公关更为重要。对外控制别人对你的期望值，对内公关抓住一切机会让员工明白，工厂起来的主要原因是质量，而今天失去了质量，凭什么还有市场占有率？对于一个企业来讲，我觉得利润下滑不是危机，市场成熟以后利润一定会下滑的，失去了自己最珍贵最好的东西——质量，才是真正的危机。

提要

当大家都在强调公关的时候，马云却提出了一个新概念，就是对内公关。马云认为，真正的危机不是来自外部，而是来自内部。对内公关更加重要，在公司最危机的时刻，也要让员工明白，质量永远是第一位的。

启示录

很多管理者都有一个误区，就是重视外部，忽视内部。内因决定外因，一个企业，只要你的团队团结，工作充满激情，对产品质量重视，那么企业的产品自然会在社会上赢得口碑。就像一个人，无论外表怎么打扮，如果五脏六腑出了问题，依然难以掩饰病态，而且长期如此，命将不久。一个企业也是这样，内部危机处理不好，只是关注外部危机，等内部危机一爆发，就不可救药了。

马云一直没有放松对内公关，强调内部价值观的一致。外面的环境再艰难，内部是团结的，就能一起渡过难关。马云的团队每个人500元的工资都拿了，都不在乎，那是最困难的时期。因为他们有强大的价值观，所以更加艰难的困境，他们也能渡过。

对内公关也是一种智慧，很多公司内部管理混乱，就是因为领导者不善于对内公关。任何团队里面都是有各种各样的矛盾的，大多数管理者都是把眼光瞄在市场上，把心思放在利润上，对于内部管理，仅仅是定一些制度，就妄图可以一劳永逸。但是制度约束的都是人，人都是有情绪起伏的，人也都是有思想的。制度太死，人的创造性不能发挥；制度太活，人又不能勤奋。因为制度是死的，而人是活的。所以内部公关非常重要，时不时地给大家讲讲愿景，讲讲价值观，车用久了，需要加油；人用久了，也需要励志。马云是一个善于鼓动的人，他就像一架战斗机，他的团队也是这样，不管是创业时期，还是发展时期，马云和他的阿里巴巴团队永远将极大的热情投入在工作中，因为阿里巴巴的高管团队内部公关做得好。

不贪小便宜

马云如是说

今天是机会，不要怕竞争，也不要惧怕危机。如果现在才意识到金融危机真的来了，已经晚了。现在是蓄势之时，在危机的背后，是难得的机会。中小企业要手持现金，不要贪小财，该破产的公司就让它破产，不要看见破产就以为是并购的机会而出手，可能会因小失大。一旦危机过去，被并购的公司会因为你趁着危机并购而出现分歧。更重要的是坚持不放弃，今天很难，明天更难，但过完明晚就是黎明，要活下来，才能看到太阳。

提要

在广告投放上，马云很擅长"反周期"运作。当金融危机来临的时候，反而是马云准备出击的时候，2008年，世界性经济危机到来，马云决定投巨资在海外进行广告推广。

启示录

危机的时刻，马云看成是机会；机会来了，马云反而会小心。因为机会往往是以陷阱的面目出现的。但是在危机的时候，机会就不会伪装了。

2008年，正是中国出口商遭遇重创的一年，马云的阿里巴巴自然受到影响，一向擅长低成本运作的马云开始大手笔操作。投巨资在美国大幅度推广阿里巴巴。按正常思维分析，在金融危机时刻，应该是美国的采购商缩减开支、减少订单的时候，可在这时候，为什么马云选择大规模投入广告呢？

马云的想法是，金融危机时期企业的生存就摆在了第一位，不是采购商不需要订单，他们恰恰需要大量的低成本的合适的订单来维持自己的生存。而中国的出口企业因为金融危机而遭遇重创，这时候，原来客户减少，正好是需要寻找新的买家的时候，所以也正是需要阿里巴巴的时候。

一个企业破产，收购的应该是企业的渠道和团队，而不是企业的实际资产。企业的团队理念和自己不符合，企业的渠道自己不能控制，收购了这样的企业，就等于给自己埋下了一个定时炸弹。联想可以收购IBM的PC业务，因为联想有这个能力来消化这个渠道，一个亏损的IBM的PC业务，联想为什么要收购呢？联想想借此增强国际影响力，并且可以顺理成章地拥有世界级企业IBM的渠道。马云收购中国雅虎，也是战略性收购，尽管中国雅虎是一个包袱，但是对阿里巴巴走向国际化却是一条合适的通道。可口可乐收购汇源也是看重了汇源的渠道有利于自己在中国的发展，这些并购案都花了巨大的成本，但是是值得的。可是有很多企业因为贪图便宜，收购了一些公司，没有任何战略性思考，结果背负了沉重的债务负担，反而把自己本身的业务拖垮。

企业扩张的时候应该根据自己的战略规划来，贪图便宜的企业必吃大亏；企业收缩的时候也要根据自己的行业特性来，不能看到别人不动，自己也冬眠。

免费的原则

马云如是说

有人说，阿里巴巴开始收费时，用户就会跑掉，我可以告诉他，阿里巴巴有免费服务的，而且永远不会收费。将来我们推出新的服务，我们会收费，你觉得不好，就别付费，就这么简单。现在有人说阿里巴巴不收费都这么好，要收费那还得了，不知好成什么样。

我们有一个原则，免费不等于劣质。我们的服务要做到比那些收费网站还要好。就像我今天是种萝卜的，才刚种下去，你们就让我把苗拔起来，看是否长出了萝卜，看萝卜长得多大。只要是萝卜，总能长成大萝卜的。

提要

免费是互联网的一种战略，阿里巴巴的所有产品基本上都是从免费做起的。只有人们对这种消费形成习惯的时候，你再收取一点费用，才不会降低消费黏度。

启示录

免费战略适用于可以让消费者形成消费依赖的领域。客户黏度是企业追求营销的一个最高境界，因为有黏度，所以很少出现客户流失，客户关系非常稳定。马云就是想让电子商务扮演一个免费服务的角色，因为之前人们没有使用电子商务的习惯。马云推出的不仅仅是一个公司，也是一个时代，他用免费收获了消费者的消费习惯，还有自己公司的知名度。

免费战略其实在营销学上就广泛应用了，比如公司的促销，一开始都是很便宜或者免费几天；比如饭店开业，头几天都是免费的。这其实就是短暂的打造客户黏度的一个办法，免费这几天体验好的客户不但会自己再来，也会邀请朋友来。

马云把免费这个策略提升到战略的高度，是因为他需要推动一个时代的到来，所以阿里巴巴必须引入国际资本。

但是在人们的眼中，按照传统的价值观念，一个东西如果便宜，一定是质量不好的。在供应商眼中，既然是免费的，就容易出现粗制滥造的现象。马云把免费和高质结合起来，又是免费的，又要提供最好的服务。这既是马云对客户的承诺，也是马云对内部团队的要求。拥有这样的一个理念，拥有这样的服务，阿里巴巴在市场上的崛起，相继占据B2B、C2C的领域老大地位，也是理所当然的。

品牌就是活着

马云如是说

品牌有很多含义，其中一个含义就是说同样一个事情，做了一二十年还活着，这就是一个品牌。这个品牌很重要。东京有一个小店，很小的一个店，最多有20平方米，门口挂着该店有多少年的历史。店主说日本的皇室也到这里来吃糕点，这就是一个品牌。

提要

2005年，马云在东莞"网商论坛"上讲，品牌的根本意义其实就是活着。马云所说的活着，不是指能养活自己，能够在市场上生存。马云说的活着是指能够永久地生存，存活一百年，这就是一个百年的品牌，要做到这种活着，可是相当不容易。

启示录

有句话说得好，"成功的宗教不是创造一个神灵，而是创造一个信仰"。

一个好的品牌也同此理，想长久地生存下去，就要创造一个关于自己品牌的"信仰"。一个活上一百年的企业，其客户都是代代相传的，因为这里面除了产品本身而外，还有一个信仰的因素。

只要能给消费者带来益处的产品，就能在大众中广泛地传播开来，并逐渐在消费者心目中形成一种信仰。但要做到这一点，根本的前提是这个企业必须得存在着，一旦有一天，淡出人们的视野了，那么这个品牌也就终结了。

历史上有许多优秀的品牌企业，由于遭到危机或者是发展方向背离了消费者，在兴盛一段时间之后，逐渐衰落，最终淡出了市场。所以一个企业要想创造一个品牌，活下去是根本使命，而这个使命又是相当的不容易。

最便宜的推广是宣传自己

马云如是说

6年以前公司市场部负责公关的人跟我说，要我接受媒体采访，那时候我特别抗拒，我不想见媒体。我知道自己长得丑，别人一看都记得住，街上一走大家都认识，对自己不好。但是他后来跟我争论了三天，他讲了一句话，他说马云，你以为"马云"两个字是你的吗？它们是属于阿里巴巴的。以后我就开始试着接受采访了。到现在为止我越来越觉得媒体把阿里巴巴的功劳和马云挂在了一起。大家不要过多相信媒体，媒体可以把人捧得很好也可以说得很坏，其实世界上任何人都是普通的，因为你普通才有魅力。

提要

马云并不是一个喜欢宣传自己的人，他不愿意见媒体，但是他后来频繁上媒体，原因在于他懂得了马云不属于他自己，而是属于阿里巴巴，这是阿里巴巴公关的使命，因为这样才可以"四两拨千斤"地去推广阿里巴巴。

启示录

我们看到在媒体高调亮相的马云后，会以为马云是一个喜欢张扬的人。其实，马云是一个高调做事、低调做人的人。他既不喜欢宣传自己，也不喜欢成为明星。

他成了创业明星，完全是因为阿里巴巴的使命。马云是一个不图名，也不图利的人。但社会上多数人都是企图名利兼收的，比如，有的企业家有些钱了，愿意再挣些名声，所以搞些慈善捐款，还要求媒体大肆报道。但马云捐款只号召捐一元，因为真正的善在心，有心即可，不在钱之多少。从这一点可以看出，马云是一个不喜欢张扬的人。他被推到媒体面前，也是因为阿里巴巴发展的需要。马云在阿里巴巴取得一个个辉煌战绩的时候，不断地提醒内部员工，要注意"过冬"，注意"危机"。阿里巴巴是一个网络公司，必须要靠推广取胜，但名头太大，也不是好事，"高处不胜寒"的道理，马云心知肚明。

名人和名企都是有"齿轮效应"的，就是一旦上位，就很难再下来，为了维持目前的地位和名声，必须像齿轮一样不断往前。一停下来，压力就会很大。社会上的眼睛都在盯着你，名人和名企是经不起失败的。因此出名后的马云和他的阿里巴巴总是走得异常小心，尽管业绩连续突破，但是马云还是非常谦虚谨慎，唯恐稍不小心，走错一步，贻笑大方。马云知道，他这个名字是属于阿里巴巴的，他不讲光环，只讲失败；不讲结果，只讲过程。

公关是为了树立形象，只有踏实做事才是做企业最根本的原则。

第八章

境界——重回商道原点

BAT三年后就不在了

马云如是说

十年以内BAT未必在，可能三年后就不在了。现在哪一个互联网公司能真正红三年？很难。人类社会有两个行业活得很长，一个是宗教，一个是教育。很重要的一个原因：他们有坚信，有敬畏，也有感恩，也就是所谓的真正信仰的力量和信念的力量。

提要

不要觉得成功后就万事大吉，对企业家而言，做一个庞大的企业，更多的是压力和责任，企业越大，支出就越大，肩膀上的担子就越大。所以，李彦宏才说那句名言：百度离破产只有30天。大企业光鲜表面的背后，是核心团队背负的巨大压力。

启示录

马云自己都有危机感，虽然现在企业很大，但是对马云而言，他看到的更多的是危机。因为就社会发展规律而言，任何企业甚至行业都有过气的时候。就互联网而言，基本上几年时间就会更新换代。但是马云举出了两个重点，就是认为宗教和教育是可以永远持续下去的。其实，公司团队的驱动只有两种方式，一个是宗教式驱动，另一个就是利益式驱动。宗教式驱动主要依靠信仰，但是信仰是需要教育灌输的，马云显然更希望自己的公司是一个有信仰的公司，希望自己的公司是一个宗教式的公司。当员工对公司产生宗教式的感情的时候，公司的凝聚力一定是空前的，而且这种凝聚力所形成的信仰会代代传承下去。马云深知，只是为了做企业而做企业，是靠利益驱动的企业，一旦市场环境有变化，企业便很难持续；但是一旦对企业形成宗教式崇拜，带着感恩和敬畏的心去工作，那企业便能持久。这里面马云所说的宗教和教育，不只是对公司的员工说的，还是对消费者说的。当消费者和员工都对阿里文化产生宗教式崇拜的时候，阿里文化就一定能代代延续，形成百年积淀，长盛不衰。

商场如战场

马云如是说

我不太相信一家独大这种说法，商场如战场，但是商场和战场有巨大的差异。战场上只有敌人死了你才能活，商场是敌人死了你未必活。跟别人竞争的目的是为了增加乐趣，是为了让自己更强盛，更好地面对未来，而不是消灭对手。这是本质的差异。

提要

马云经商的境界不是竞争，而是和竞争对手和平共处，大家一起把蛋糕做大。这体现出马云与众不同、志存高远的胸怀。很多企业在市场上的经营思维都是要把竞争对手搞死，这种非你即我的生存之道已经不适应这个信息和资源共享的时代了。与时俱进的思维就是马云的思维，在商场上不要争个你死我活，最好一起把蛋糕做大，共享利益。

启示录

马云的眼光独到，格局远大。一开始，他就拥有长远的目标和宽阔的视野，他的眼光瞄准的是世界市场，是如何把创新市场做大，而不是在红海的市场里互相争夺。马云拜菩萨的时候，也是另辟他途，专门挑下雨天去拜，他的理由是晴天拜菩萨的人多，菩萨不一定听到，但是下雨天没人去拜，菩萨就有可能听到。所以，马云想问题角度独特，避开竞争。换个角度考虑，原本马上要走投无路的事情很可能就峰回路转。我们处理事情的时候，之所以会产生很多矛盾，往往是因为思想困在某个角落里出不来，不善于换个角度想问题。如果换种思路，换个角度去解决矛盾，矛盾就会守得云开见月明了。我们听马云的演讲，一定要学习他的思维、他的胸怀。站在大的角度去想问题，你会发现平时的矛盾是多么渺小。

只捐一元钱

马云如是说

我觉得这几年碰到的最尴尬的事情就是我去捐款人家说马云你捐的太少，你瞧人家都是两三千万，你怎么就拿出这么点儿来？慈善是心意，不在于多少。

另外，我觉得慈善不应该在镁光灯下做，慈善是在心里，该怎么做就怎么做，在镁光灯下作的是"秀"。我讨厌那些天天想着偷税漏税、制造有毒食品，然后又用这些钱出去做慈善的人。我希望我们所有网商能够像一些成功的企业家一样，一点一滴地去做，其实社会不需要我们捐多少钱，但需要一份心意，需要一块钱，这是我认为的慈善事业。

提要

有一次，马云参加慈善活动，主持人颇有点激将地说："某某老总可是捐了一千万啊。"这话让马云很不舒服。马云认为，真正的慈善是在心里的，不能总把善心、爱心和捐款金额挂钩。奉献善心和爱心不能只是富人的专利，提倡捐一元钱其实是让更多的人献出爱心。

启示录

真正的境界是在心里，对于捐款而言，不是捐多少就代表着爱心有多少。关键在捐款的行动，只要肯捐，那就是有爱心的表现。就像马云所说的："社会不需要我们捐多少钱，但需要一份心意，需要一块钱。"

马云分析问题总是从本质出发，从捐款这个细节可以看出马云无论做什么事情，只看重本质，捐款重点在捐，不在款多少。这一思维也影响着马云做事的风格，比如他认为网商是阿里巴巴的衣食父母，投资商只是阿里巴巴的娘舅，他们共同促进阿里巴巴的生存和发展。

看重本质、不看重形式，是一种境界，马云是把这种境界运用得恰到好处的人。

最厉害的武器是思想

谁掌握互联网的理念和思想，谁就能够把握互联网的未来。互联网上有几个理念，叫作透明、公正、分享、责任。分享是互联网企业取得成功很重要的一个因素。

提要

1999年，阿里巴巴只有18名员工；10年之后，阿里巴巴拥有近8000名员工。马云靠什么使阿里巴巴公司跑出火箭的速度？马云说，他最核心的武器是价值观和思想，其中最重要的价值理念就是分享。分享成功、分享财富才使阿里巴巴人才云集，越做越大。

启示录

互联网企业最重要的理念是分享。分享信息，才是互联网的真正价值所在。分享给阿里巴巴提供了价值观动力。很多企业家也都懂得分享理念，也都愿意跟别人一起分享。比如蒙牛的牛根生就提出了"大胜靠德，小胜靠智""财聚人散，财散人聚"的理念。蒙牛也是在业内跑出了"火箭"速度的企业，企业的迅速成长也是因为高层的理念分享。但是光有分享不行，还得有智慧，去把蛋糕做大，牛根生和马云走的是同一条路。牛根生曾经提过一个"王妃理论"，就是女子本来是普通百姓，一旦嫁给王爷，那就是王妃了，不是因为自己的地位升高了，而是因为借助王爷这个平台，把自己的地位给抬高了。蒙牛向摩根财团融资，正是借助摩根的国际影响力来抬高自己的地位。马云向孙正义融资也是此理。

马云的分享理念除了针对自己的团队之外，还针对客户。因为马云知道，客户赚钱，自己才会赚钱，自己赚钱，国家才会赚钱，然后就会给自己更多更大的优惠条件，来为更广泛的客户进行深入的服务。这样就形成一个良性循环，凡是成长快速的企业基本都是走这样一条循环道路。

价值观修炼

马云如是说

我自己也分三个阶段，从开始学习创业到开始学习企业经营、发展，从去年开始，特别是今年，我对人的兴趣越来越大，所以一有空我也去学习道家哲学、儒家思想。可能我们都走过这样一个阶段，但是稻盛和夫先生的境界比我高多了，我现在需要导师。

提要

马云说他的价值观修炼分为三个阶段，最后一个阶段是境界的修炼，也是一个企业领导人价值观的最高修炼，就是人走了，精神还留在企业里，这就是高人。海尔拥有的不是张瑞敏，而是张瑞敏的精神；联想拥有的也不是柳传志，而是柳传志的精神。马云也希望阿里巴巴拥有的不是马云，而是马云留下的精神。

启示录

做企业做到高境界就是做人，做企业的学问其实是做人的学问。马云的三段论是从学习创业，到学习经营，最后到学习做人。

2008年10月，马云拜访京瓷创始人、京瓷名誉会长、稻盛集团创办人稻盛和夫。他们交流的话题是如何做人、如何创造企业文化。

对于人性，稻盛和夫这样对马云说："我认为，我的成功是幸运的，因为我没有什么才能，我之所以成功在于很多人支持我。我在50多年的经营里一直保持着谦虚谨慎的态度，所以有了今天。我觉得你也是个非常谦虚的人，任何一个成功的企业家都是这样的。"

马云对稻盛和夫讲："从各方面来看，我不像是一个有才华的人，无论长相、能力、读书都不见得是社会上最好的。为什么我能走到今天？我觉得可能是我看懂了人性。"

越伟大的CEO，越强调人性，我们发觉一个现象：小企业招聘的时候，总是把经验放在第一位；而大企业，尤其是国际大企业招聘CEO的时候，行业经验恰恰是次要的。因为越高明的人，处理烦琐事情的机会就越少，他们注重内心的修炼，以保证战略方向是正确的。当面临重大危机的时候，一个高层领导该如何做？就需要有定力，能够做到临危不惧，镇定自若。

真正的企业家

马云如是说

假如你认为这是一个灾难，灾难已经来临；假如你认为这是一个机遇，那么机遇即将成形。去年我跟大家讲，灾难可能会来。现在我告诉大家，机会的形成已经开始。大家开始警醒准备吧！我坚信，逆境的时代会诞生伟大的企业！

提要

马云在2008年企业家年会上讲企业家精神。马云认为，中国的企业家缺乏的恰恰是企业家精神。企业家精神并不难修炼，有时候企业家精神就在于一种高尚、一种坚持、一种自省。马云几经起伏，终成大业，靠的就是这种企业家精神。

启示录

做企业的人会因市场的顺境和逆境而调整企业的发展方向。具有企业家精神的人能够把逆境看成机遇，用企业家精神塑造的团队已经不在乎市场的风浪了。

一个企业的精神是由企业家来引导的，企业家的精神决定了一个企业的精神。很多时候，企业的成败在于企业家怎么看。对于危机，有的人将其看成灾难，有的人将其看成机遇。比如伊利集团原董事长郑俊怀因涉嫌挪用公款被捕之后，伊利出现重大危机，这时伊利该向媒体隐瞒，还是披露全部事实？一旦据实告知，会不会影响经销商的信心和期望，从而影响经销商团队的士气，损失经销商利益？如果不披露，内部的危机如何处理？

在这个关系着伊利集团生死存亡的时刻，潘刚临危上阵，以极大的胸怀和勇气向社会披露伊利的内部危机，并承诺，伊利的情况不会对客户、对消费者造成影响。潘刚的勇气和诚信，赢得了经销商和媒体的尊重，伊利的形象不但没有因此而大损，反而还提升了很多。

真正的企业家精神是在磨难中历练出来的，承担过失败，才练就了坚强的肩膀；经历过困惑，才具备了智慧的眼光；有过大起大落，才敞开了宽广的胸怀。

危险中的机会

马云如是说

所有人都说危机，但是我觉得危机是危险中的机会。香港、日本跑下来以后，我觉得这次危机是人类社会进入商业社会的全球化阵痛，你必须面临这样的挑战。以前的全球化我认为是美国化的，美国把自己的价值观、金融观，把自己的一切通过各种手段传给了世界。现在，互联网让人们理解到，这样的价值观、机制、体系已经不能适应社会发展。这是全球化的阵痛，而且我们必须面对这样的阵痛。

我认为，这是社会由劳动密集型向知识经济型过渡的机会。假如没有这样的知识经济转型，就没有我马云站在这里。我相信，未来由于知识经济转型的机会，会有更多企业家站在这里跟大家沟通。

提要

2008年，马云开始把眼光放得更为长远，他要给阿里巴巴的长远发展挑明路径。马云总是从时代的大背景来看问题，以辩证的观点来看事物，所以在出现危机的时候，马云把它看成机遇；机遇来的时候，马云却担心是陷阱。

启示录

金融危机从短期来看，的确给一些国家和企业造成了极大的损失，但是马云却看到了金融危机的另一面：金融危机的到来预示着全球化时代已经到来了。商业全球化时代的到来对互联网企业，尤其是B2B企业来说是一个极大的机会。

马云认为，这一次金融危机过去之后，以诚信、透明化、责任和全球化为前提的新的商业文明将会诞生。这种新的商业文明恰恰呼唤B2B时代的到来，企业可以放心大胆地运用互联网这个工具。

马云所扮演的不是一个企业的掌门人，他是一个行业的领跑者，他把该行业的整个生态链都看得很清楚。马云经常以一个导师的身份出现，告诉员工未来在哪里。阿里巴巴就是未来。每次马云都会提出一个伟大的具有时代意义的目标，然后实现它。阿里巴巴的赢利、淘宝网的成功使马云成为了一个传奇人物，他言出必行，也赢得了媒体和经销商的信任。所以马云在经销商中有影响力，在企业家中有影响力。

窨井盖的故事

马云如是说

1995年，我们刚开始创业。我们在杭州经济大厦租了个办公室。有一天我骑车去上班，看到前面有五六个农民用很大的木杠子在抬窨井盖——马路中间的窨井盖。然后我突然想到前几天报纸上登过，一个小孩掉到窨井里淹死了。让我特别懊恼的是，五六个人我怎么打得过？而且一看个子都那么高！我就骑着自行车，跑到前面大概四五百米处去找人。看看一个警察都没有，边上的人也不愿意跟我来。我绕了两圈实在忍不住了，就停下来，一只脚跨在自行车上，一只手指着他们："你们抬回去！你们给我抬回去！"那时候我在想：如果他们冲过来我肯定逃了，可是不说我又难受。这时候突然有个男的冲了过来，他说："你说什么？"我看有人跟我讲话，就特别得意。我说："就是让他们把那个窨井盖抬回去。"他就说："你想他们怎么样？"我突然想他怎么问这么傻的问题？一看背后有个摄影机对着我，原来他们是在做一个测试，就是走过这条路的人看见这样的事情，有多少人会站出来说NO！那天就我通过了这个测试。

提要

这个故事反映了马云的正义感，这是马云性格里的东西，因为具有强烈的正义感，所以马云不管什么样的境遇，都勇于挑战，不惧怕对手，而且能找出对方的软肋。

启示录

都说性格决定命运，马云就具有这样一种性格。马云骨子里有正义感和挑战精神。马云自幼习武，喜欢打架，因为打架缝了13针，挨了处分，结果被迫转学到杭州八中。马云喜欢挑战的性格在他做生意的过程中体现最多。他从无到有去挑战B2B。面对中国雅虎和新浪网抛出的橄榄枝，他坚决不接。在大家都看好门户网站的时候，坚持挑战B2B，而B2B却没有一个人看好。马云要引领这样一个时代。他成功了，阿里巴巴的供应商和诚信通给马云每天带来很多收入。这时候，马云又开始挑战C2C，准备从无到有创建淘宝网。马云喜欢挑战，所以马云在问孙彤宇的时候，说："给你几年时间可以战胜eBay？"孙彤宇说："给我三年时间。"三年时间，淘宝做到了。

马云曾经创造了很多个第一。正像马云所说，要么就不进入陌生行业，进就要做第一。所以别人不敢做的事，他敢做；别人做不成的事，他能做成。他有自己做事的"独孤九剑"。自身哪怕再弱小，也敢挑战强悍的对手。这种精神使马云成为互联网企业界的一代大侠。

菜不好是因为不会点

　　杭州有一个很有名的饭店，在杭州、上海、南京、北京都有分店，很多人都需要提前几天，甚至是一个礼拜预定座位。6年前我到这个饭店去，这个饭店还没有几张桌子，我点好菜后在那儿等。过了5分钟，经理来了说："先生，你的菜再重新点吧。"我问怎么了。他说："你的菜点错了，你点了四个汤一个菜。你回去的时候一定说饭店不好，菜不好，实际上是你菜点得不好，我们有很多好菜，应该点四个菜一个汤。"我觉得这个饭店很有意思，为客人着想，不会像有些饭店看见有客人来，就说龙虾怎么好，甲鱼也不错。他会对你讲，没必要点这么多，两个人这些就行了，不够再点。你感觉他在为客户着想，客户成功了，他才会成功。

提要

　　"客户第一"是这个商业社会一个热门的理念，马云借用在饭店经历的故事点明只有切实为客户着想、注重客户服务的细节，才能使公司在客户心目中永葆良好形象。

启示录

马云知道不同的客户一定有不同的要求，什么样的客户都可能碰到，即使阿里巴巴的产品服务做得再好，也难免会有客户抱怨和投诉。因为客户群体非常复杂，他们可能不会"点菜"，并不是阿里巴巴没有"做好菜"，所以马云认为，加强对客户的培训、统一客户的思想、让客户学会"点菜"也是很重要的。

马云培训自己的员工，也培训自己的客户，既让员工"做好菜"，也让客户"点好菜"。马云被人看成是一个会做思想工作的人，他自己却不这么看，他认为自己之所以拥有一个强大的团队，完全是因为团队有一个统一的目标。但是不要企图思想统一，因为总有30%的人永远不可能相信你。客户也是这样。

企业和客户本身就是对立统一的，所以矛盾一旦产生，就要从两个方面去解决，并且要把企业团队和客户都统一在一个一致的目标之下。这样才能形成阿里巴巴和客户的良性互动，达到双方的共赢。

免费背后的逻辑

马云如是说

前一段时间我给淘宝网的总裁提了一个目标：淘宝网继续免费三年。我跟他在钱方面没有考核，只是希望5年以后淘宝网要为中国创造100万个就业机会。淘宝网赚再多钱我都不会开心，淘宝网亏本我也不会怪他，不过没有创造100万个就业机会，赚再多钱，我也不会表扬他。中国很多企业会赚钱，不过人类历史上有多少企业能为一个国家创造100万个就业机会？

目前，淘宝网上钻石用户一个月的净利润是3000元，这就是个就业机会，2006年淘宝网有很多改革，对于如何真正创造100万个就业机会，我们还有很多创新的想法。中国人不应该过河拆桥，而应该过河弃舟，还拿着舟跑步的话，永远不会跑得快。阿里巴巴、中国雅虎、淘宝、支付宝在以后都会有过河弃舟的想法。

提要

马云提出淘宝网继续免费三年，为中国创造100万个就业机会。这是淘宝网的任务，这背后马云是什么逻辑呢？他想打造一个电子商务的生态系统，只有这个生态系统运作良好，才能为阿里巴巴创造更大的价值。

启示录

马云都是从阿里巴巴的生态系统角度去看的，是一种全局的战略性思维。马云提出给社会创造100万个就业机会，是让100万人都在淘宝网上开店，这个目标最初是马云给阿里巴巴提出来的，现在又转给了淘宝。100万人在淘宝网上开店，看似与商业没有关系，但是背后却有一个隐性的逻辑。100万人在淘宝网上开店，就有100万人使用支付宝，这100万人如果有企业家关系，还可以帮助介绍阿里巴巴的业务。但是马云要求的不仅是100万人开网店，而是为100万人提供就业机会。什么是就业机会？就是100万人在淘宝开网店，并且能够养活自己，这就是就业。一个人每月的净利润要在1500元到3000元之间才可以养活自己，也就是在淘宝网成为钻石用户。

让100万人成为钻石用户，这还不是最终目的。人对赚钱都是上瘾的，一旦淘宝网给用户带来利润，用户的黏度会很高，他们不愿意抛弃这份额外收入，这些用户为了推广自己的网店，就会向朋友宣传淘宝，这是一个良好的口碑效应。这些人一旦成为淘宝的"兼职员工"，就会拥有极高的客户忠诚度。

100万人如果来自不同的行业，那么这100万人就会对行业群体产生极大的影响力，所影响的范围非常广。但是100万个就业机会的目标是很难实现的，没有任何基础的淘宝，从建立开始在几年内要达到这个目标是一场硬仗。因此，马云才不断给淘宝投入资金，并起用老将孙彤宇。马云知道这一战很艰巨，看似轻松的决策背后，马云的心里却有着全盘的计划。

杀价是最愚蠢的

马云如是说

阿里巴巴是通过网站把中小型企业团结起来的，有了互联网，今后一个企业不是规模越大越成功，而是越灵活、提供的价值越独特，才会越成功。今天，中小型企业要注意，中国人再也不能卖低价产品了。其实我是反对中国成为制造业基地的，中国的资源根本就不足，我们不要成为制造人，我们要成为创造人。从2006年开始，我会在阿里巴巴的网站上推广创造财务，而不是杀价，杀价是最愚蠢的。

提要

2005年，有人问马云，电子商务普及之后，所面临的国外买家信息更加透明，会不会导致广东的出口企业恶性竞争，从而使出口企业互相杀价，对出口企业造成毁灭性打击？马云对此做出承诺，阿里巴巴的发展不但不会导致中小企业恶性竞争，反而有利于中小企业进一步发展。

启示录

马云认为，一个企业要有自己独特的价值，不能只靠价格来赢得客户。电子商务的普及的确给中小企业带来了机会，同时也带来了竞争。所以马云说："一个企业不是规模越大越成功，而是越灵活、提供的价值越独特，才会越成功。"而传统企业的竞争思维是面对竞争的时候杀价或是想办法击垮竞争对手。越杀价，利润越薄，竞争力就越低，越打击竞争对手，自己的成本耗费就越高，越可能形成鹬蚌相争、渔人得利的局面。

马云要依靠阿里巴巴的服务和口碑来赢得客户。马云的直接竞争者就是中间商，马云提供的网站服务因为绕开中间商而使买方和卖方交易成本更加低廉。很多人认为马云的阿里巴巴变强大，就会消灭中间商。但马云不这么看，他认为，市场上存在的就是合理的，没有谁消灭谁。电视媒体最兴盛的时候，有人说广播电台要灭亡了。但是这么多年来，广播电台依然活得好好的。网络媒体的出现也不可能消灭旧媒体，张朝阳自己就说未来的网络竞争不是谁消灭谁，新媒体不是要替代旧媒体，而是对旧媒体的补充。电话刚发明的时候，有人说邮政要灭亡，但是邮政没有灭亡，反而活得更好。一个行业要取代另一个行业非常难。马云认为，电子商务的理念不是消灭中间商，而是升级中间商，他把中间商也定为阿里巴巴的客户群。

天下没有不好的产业，只有不好的企业，一个产业不可能灭亡，但是在这个产业里的企业却往往将经营不善归纳为产业的前途暗淡。企业竞争激烈都是行业发展的必然，这就需要企业升级了，企业升级就能使企业在竞争中具有优势，这样就能带动整个产业的升级。

最高境界

以客户为中心就是前一万个客户是你CEO自己做，前10万个客户是你的团队做，前100万个客户是10万个客户去做。能够形成客户帮客户，你就创造了价值。如果客户替你说好，这东西就是真好，客户不替你说好就是假好。

提要

什么是真正的以客户为中心？不是简单的口头上重视客户，也不是把客户的服务做好，目前这样的理念已经开始落伍。真正的以客户为中心，就是你的客户已经成为你的销售人员了，客户拉客户，这才是以客户为中心的最高境界。

启示录

一个企业想获得永久的生存，想拥有高度的客户忠诚度，重视产品质量是第一层次，把客户的服务做好是第二层次，最后的层次是让客户自动帮客户。达到客户帮客户的程度，就是在客户中已经形成了良好的口碑。这款产品给客户带来的效益超出了他的成本，那么他就会推荐给他的朋友。这款产品一定要真的好，能够给客户带来切实利益，他才会帮你推广。

马云不仅仅是为客户提供产品和服务，还和他们分享管理理念和价值观，帮助客户成长。

马云认为，一个企业做到极致的时候，不只是分享价值，还要分享智慧。越分享越值钱，越分享越有价值，所以马云成立了阿里巴巴商学院。商学院不只是培养员工，还培养客户。让客户和自己有统一的价值观和理念，为成为一个整体的商业生态系统做准备。

一个企业要做到长久以客户为中心，就要建立一个完备的生态系统。企业只有与客户共生共赢、与客户保持在一套完备的生态系统里，才能有永久的客户基础。马云对客户的重视胜过对自己团队的重视，因为马云是从整个生态系统的角度去考虑的，客户的命运直接决定着阿里巴巴的命运，客户不能倒下，如果客户倒下了，阿里巴巴也将会倒下。

第九章

创新——没有突破就等于没做

创新就是颠覆

马云如是说

我认为全球对此次G20峰会抱有很大期望,尤其是在当下的全球经济环境中。很多人不认同全球化,而我认为全球化对世界而言是一件很伟大的事情。唯一的问题是如何提升全球化,让更多中小企业和更多年轻人参与其中。如果我们用新技术和新机制让10亿人、20亿人、30亿人,甚至更多人参与全球贸易,情况会怎样?

提要

马云的创新一向是格局很大,虽然看似创新,其实是一种坚持。马云一开始创业就把眼光放在全球化上。迄今为止,他一直坚持从来没变过。一个理想坚持了无数年,于是就颠覆了很多事情,所以,每次颠覆就成为了创新。

启示录

马云2016年9月参加B20峰会时的演讲,讲的还是自己的老本行——贸易,如何把贸易做到全球,如何在全球进行贸易。他希望年轻人参与进来,因为世界永远是年轻人的,他希望用新技术和新机制来颠覆全球贸易形式。他借G20的机会，向全世界的政要传达信息：一方面告诉全球所有国家，阿里巴巴要做的事业是伟大的，是对全世界有贡献的；另一方面向全球所有国家传播自己的经营理念，获得他们的支持。这种全球性会议是马云营销自己理念的最佳场所，往往成本低，却能获得巨大的传播效果。马云善于运用这种传播，在传播方式上这也是一种创新，所以，之前有人讲，阿里没钱的时候马云就要出来演讲，演讲是给投资人看，也是给消费者看。这次马云的演讲同样也是给全球的消费者和投资人看，因为阿里的投资人是遍布全球的。从某种程度上讲，马云更像是某些关系的协调者，协调与政府的关系、协调与投资人的关系、协调与客户的关系。马云把各种资源整合后，实现了颠覆，进而促成了一个又一个创新。这是马云做公司的与众不同的创新之路。

创新的压力

马云如是说

要创新必须要扛得住压力，抵挡得住诱惑，耐得住寂寞。我们从最早被人说是骗子，到后来被说成疯子，到今天被称为狂人。不管别人怎么说，我们不会在乎别人怎么看待我们，但我们在乎自己怎么看待这个世界。如何按照我们的既定梦想一步一步往前走，这是做企业或者做任何事一定要走的路。所以之前有人说因为阿里巴巴的B2B没有被世界认可，所以我们推出了C2C；又因为我们的C2C也没有被认可，所以我们并购了雅虎的引擎。其实这些都是外界的猜测而已，对于阿里巴巴来说，我们认为中国的电子商务在未来几年一定会出现突破性发展，也许3年，也许5年，电子商务在中国一定会超越美国电子商务的模式，这是我个人的判断。

提要

创新是一种态度，但创新一定要顶得住压力。因为创新是创立前所未有的模式，没有经验可循，即使有经验可循那也可能是创新路上的障碍，所以创新更多意义上取决于抉择的勇气。你创新，就会有很多质疑：你的模式能不能经得住考验？你能不能顶得住压力？

启示录

创新者都是孤独的，所以创新者要耐得住寂寞，同时也要经得住诱惑。

创立一个新的模式，创立一个新的企业，往往是需要有创新想法的，而想法背后，个人因素起着决定作用。人的一天可能产生5万个想法，但是真正实现的想法却寥寥无几，因为把想法系统化、并踏实坚持下来的人很少。所以平时有很多创业者，但是能走到最后的却很少。世界不缺乏想法，缺乏的是把创新的思维落到实处的执行人，否则你的想法再新颖，也不过是无法实现的空中楼阁而已。

创新要挖掘别人看不到的事物，要发现别人发现不了的东西，要有别人不能模仿的新创造。创新更重要的是要有创新精神。1995年马云发现了互联网这块宝地，他一个不懂技术、电脑水平很差的菜鸟级人物，却决定创建中国第一家互联网公司。马云说："创业者要记住，你未必懂得你所要做的，但是你一定要深信这个东西，深信这个东西能给别人带来价值。很多中国人都是晚上想千条路，早上起来走原路。我看到互联网，我觉得互联网将来会好，如果你坚信，如果你觉得有机会，那就向前走。"

在创办阿里巴巴的过程中，马云也承受着别人难以想象的压力。在公司岌岌可危的时候，几乎所有人都在质疑他的模式，国内不看好他，华尔街也不看好他。业内有人说，如果阿里巴巴能够成功，无异于把一艘万吨巨轮从喜马拉雅山脚下抬到珠穆朗玛峰顶。马云创造阿里巴巴，模式和行业都是新的，阿里巴巴几乎是在骂声、质疑声中长大的。他身边的同事都看不下去了，马云却不在乎。马云坚信，互联网将影响中国、影响世界。如果你对自己创新的模式或事业坚信不移，就不要轻易动摇。如果空有理想，没有坚持，理想将变成一种痛苦。

永远和客户在一起

马云如是说

任何公司都必须贴近自己的客户，客户在哪里你就要在哪里，如果今天阿里巴巴是做电子政务的，我们就应该搬到北京去。做电子商务必须在离中小企业最近的地方，也就是说浙江、江苏、广东一带，杭州就很好。北京的企业都相信国有大企业，假如我们在北京，阿里巴巴在那里相当于500个儿子中的一个，谁都不关心你。在上海，他们只相信跨国公司，只要你是微软、IBM，他们像请佛一样请你，中国的本土公司没人理。我们本来准备把总公司放在上海，后来还是放在了杭州。最后我们突然发现杭州才是自己的家，杭州的几百万老百姓因为阿里巴巴回来而感到骄傲。我们杭州的出租车司机在帮我们做广告，杭州西湖上划船的人虽然不知道阿里巴巴是什么，但是反正知道杭州有一个公司叫阿里巴巴。

提要

把阿里巴巴总部设在杭州，是马云诸多打破常规的战略中排名最为靠前的一个，尽管马云对此做了解释，但是这并不重要，重要的是马云打破常规的思维，使本来不具有优势的事情充分发挥出优势来，这就是打破常规的要旨所在。

启示录

马云从创业之初一直到创业成功，经常不按常理出牌，却往往取得出人意料的成果。不按常理出牌，不随波逐流，善于打破常规，却能收获令人惊讶的成果。面对同一个事情，思维不同便会决定命运的不同。有一个寓言是这样说的：施工时，做苦役的看到的是一块块砖，手艺人看到的是一堵堵墙，神父看到的是一间间房，上帝看到的是一座座教堂。不同的思维决定不同的眼光，也可能决定一个人的成败。

创业者要有打破常规的思维。重庆力帆集团董事长尹明善也是一个善于打破常规的人，他的力帆摩托车在创业之初，才有20万启动资金，而当时的嘉陵摩托车已经有20亿资金，是力帆的一万倍。尹明善想，这样直接和其他摩托车企业硬碰硬是不行的，所以他决定打破摩托车行业都集中在北京、上海等大城市销售的方式，主力突击地级城市和县城。这一举措给力帆带来了非常大的利润。但相比于其他摩托车巨头企业，还相差甚远。但此时尹明善的目光已经瞄向海外，他想打入越南市场。但对越南市场的情况，尹明善并不熟悉，这时候他又显示出了与之不同的思维，尹明善把越南的明星邀请到河内表演，先是吸引了10万观众，接着由著名影星骑着摩托车跨越红河。这件事影响力巨大，力帆在越南几乎到了家喻户晓的程度，越南市场每年都给力帆带来几千万人民币的利润。越南市场打开后，为了打开南亚市场，力帆在尼泊尔加德满都组织了力帆摩托车攀越喜马拉雅山南麓的活动。在严寒、缺氧、积雪的情况下，力帆摩托车爬到了六千多米的高度，在南亚名声大振，当年的出口量增加了5倍。

所以，创新就要求不能因循守旧，要善于打破常规，才能在激烈的市场竞争中找到自己的优势。

全球视野　本土能赢

马云如是说

我们能取得现在的地位是因为我相信一件事：全球视野，本土能赢。我们自己设计业务模式，我们主要关注如何帮助中小企业赚钱，我们从不从美国拷贝经营模式。我们关注产品质量，我们一定要实现"点击，得到"。如果不能得到，那就是垃圾。

我说阿里巴巴曾犯过1001个错误。我们扩张得太快，互联网泡沫破裂后，我们不得不裁员。到2002年，我们拥有的现金只够维持18个月。阿里巴巴网站的许多用户都在免费试用服务，我们不知道如何获利。于是我们开发了一款产品，为中国的出口商和美国的买家牵线，这个业务模式拯救了我们。2002年年底，我们实现了1美元的净利润，终于跨过了收支平衡点。自那以后，公司的经营业绩每年都在提高，现在阿里巴巴的赢利能力已经相当强了。

提要

马云是一个擅长本土运作的高手，马云的理念是：全球视野，本土能赢。本土化运作，没有舶来的经验，一切都是新的开始。本土创业使马云和他的团队能够更清晰地分析复杂的市场，并在竞争中赢得优势。

启示录

"全球视野，本土能赢"，这是马云的智慧，也是企业运作的真理。很多企业家和马云思路相反，"本土视野，全球去争"，结果钱花了不少，企业却依然没什么起色，反而被盲目贪大拖累。创业者创业之初，尚可立足本土；但是企业稍有起色，创业者便雄心勃勃，结果盲目贪大，使企业陷入重重危机之中。

马云坚持认为，中小企业的B2B模式应该在中国，只有在中国才能把B2B做大。马云立足本土，开发自己独有的赢利模式。因为中国存在着大量的中小企业，而且这些企业急需产品出口，阿里巴巴的全球视野正是它们需要的。可是马云知道自己不能扩张太快，阿里巴巴外地分公司都在民居里，不在写字楼。一个如此"土"的企业，却是世界上最大的B2B公司。当福布斯的记者来到马云在杭州的办公地点时，简直不相信就这么一个小屋子，居然是阿里巴巴的总部。

马云是立足本土的优秀代表，马云的方向却指向了整个时代。但是很多公司方向不明，战略不清，反而一心要做跨国大企业，高薪聘用洋MBA。最后整个企业都呈现病态，水土不服。我们可以称马云是"本土杀手"，因为他善于处理本土出现的各种矛盾，并且能在矛盾中创造新的机遇。

下一个对手？

马云如是说

卓越、当当其实并不算真正的电子商务，包括亚马逊，我不太欣赏它们的模式。当时我对eBay是有一定认识的。但当我看了eBay的网站后还是被吓了一跳。业内曾经盛传，说这个是我的对手，那个是我的对手，但我内心从没把它们当过我的对手，只有eBay，我觉得这个"哥们儿"虽然长在地球的另一边，但和我是同样的"动物"。eBay已经领先阿里巴巴四五年，如果再给它两三年时间的话，它大举进入中国我们根本不可能抵挡。这个时候我就得问我自己，能不能也涉足C2C领域。

提要

马云看到eBay的时候，感到了严重的危机，因为eBay跟阿里巴巴奉行一样的哲学。eBay同样把客户当作上帝，eBay的价值观与阿里巴巴类似，而eBay的实力却比阿里巴巴强。这时候，马云还没有进入C2C市场。如果再不进入C2C，很可能就永远进不去了。马云决定立刻上马淘宝。

启示录

马云的商业神经非常敏感，一叶落而知天下秋，只是见了eBay的公关人员之后，马云就震惊了。马云得以起家的资本是价值观，而eBay拥有和他同样的价值观。eBay一直是领先阿里巴巴的，在价值观的引导下，大举进攻中国的电子商务市场是有可能的。最大的危机即将来临，他却一直没有意识到。所以马云称，如果再给eBay两三年时间的话，他们大举进攻中国时，阿里巴巴根本不可能抵挡得住。

在此之前，马云一直看好B2B，不看好C2C。但是这个时候，马云的观念开始转变了，他认为C2C也是一片丰腴之地，他不想拱手让与他人。所以秘密筹建淘宝。

马云非常担心eBay的进攻，因此不断给淘宝砸钱，刚刚投入1个亿，没多久就又追加3.5亿的资金，命令这些钱必须花完，而且淘宝要打免费策略。其意图很明显，他要打败eBay。

马云用三年的免费使用淘宝，使淘宝名声大振，淘宝逐渐成为一种流行时尚的代表。马云赢了，eBay败了。马云又开发出支付宝这样的第三方支付平台。他之所以进入B2B之外的市场，是一种坚壁清野的战略，马云知道，想维护住核心的B2B，那么周边市场就必须占领。不然，B2B的市场就有可能被人蚕食。

其他企业就算扬言要超过阿里巴巴，阿里巴巴都没把它当成对手。但当马云发现真正的对手后，他就开始行动了。投巨资做淘宝，与其说是想进入C2C领域赚大钱，倒不如说想避免eBay占据电子商务第一的位置。

所以马云着急，急于使淘宝成功，因为eBay已经虎视眈眈了。马云在关键时刻的决策是从整体的战略布局上考虑的。

去破庙拜佛的学问

马云如是说

我拜佛喜欢去破庙，我一般是专程去的，下雨天，没人去的时候去。去了之后我说："菩萨，我今天来看你了。第一，希望更多人来看你；第二，心放宽一点，不要太关心别人，关心一下你自己，每天这么多事情是做不完的，自己要放松，你开心了大家才会开心。"我每次拜菩萨的时候，会让他开心一点，让更多人来看他。所以菩萨会想，每天有10万人来求我，就这个小伙子希望我好。他就想要多照顾照顾这个人。我不是开玩笑，我真的在这么做，我每年都会去那些很小、很破的庙。

提要

马云总是走跟别人不一样的路，想跟别人不一样的事情，别人认可的，他偏不走，他要走出一条出奇的道路来。他的思维就是与众不同，他拜佛喜欢去破庙，而且在下雨天，这样的庙一般人是不去的。正因为一般人不去，所以马云才去。他的理论是，人太多了，菩萨就感觉不到你的心。在没人的时候去看望菩萨，菩萨才会重视你。

启示录

马云做事善于打破常规，当一个市场没人进入的时候，他进入；当一个领域进入的人太多的时候，他退出。当他想跟别人争市场的时候，他绕开走。阿里巴巴从1999年开始走的战略是避开国内电子商务市场，迅速进入国际市场。当时的策略在阿里巴巴内部被称为"避开甲A联赛，直接进入世界杯"。从1999年到2001年，我们在中国市场很少听到阿里巴巴的名字。因为那时候他们主要在欧美活动，当时的阿里巴巴在欧美已经很有名气了。马云为什么往国外发展？因为马云认为自己的客户主要是中国的中小企业，而中小企业的客户主要是国外的买家，如果没有买家的话，中小企业赚不到钱，也就不会给阿里巴巴交钱。

先打开国外市场还有一个考虑，就是可以利用阿里巴巴在国际上的影响力拉动国内市场。可谓是一举两得的办法。

有了国际影响力，就可以与国际的大投资机构合作，然后借助国际知名投资机构的品牌和力量来提升自己的品牌。这样就形成了一个良性循环。

在创业的路上，马云走的一直是与众不同的路，但是最终马云成功了。马云的经验表明，打破常规要把握住行业的本质，不能乱打一气。要找准行业的关键点，阿里巴巴如果先在国内推广，阻力就很大，因为国内的中小企业没有用电子商务的习惯，也不会相信。但是往国外推广，国外的买家加入了，国内的中小企业自然就会加入进来。马云对于做生意有自己的心得，他认为交易市场就像办个舞会，总得有男孩子和女孩子，那舞会怎么样才能成功呢？就是必须先有优秀的女孩子，你把女孩子请来了，总有胆大的男孩子来，这样人就会越来越多。但是你把男孩子请来了，女孩子不一定愿意进来，所以办舞会先找到优秀的女孩子，并把她们请来是最关键的。马云的阿里巴巴这个交易平台所请的女孩子自然就是国外的客户，先有国外的客户了，国内的企业就会自然而然地来平台试试。

"大多数"的命运

马云如是说

别人说我是疯子也好，狂人也好，我心里知道我在做什么。90%的人都认为这条路很开阔，但是人多了就会拥挤。相反，如果是一条崎岖的小路，可能会越走越宽，因为只有你一个人在走。所以有时候你要倒过来看问题。大家都说好的时候，你要稍微冷静一下。

提要

马云2004年在成都演讲，此时网商刚刚兴起，人们对网商的前途认知未清，马云把自己的独特哲理传播给客户，告诉人们，大家都不走的路才有可能是最有前途的路。

启示录

马云被称为教父，他在推广自己的同时也在推广自己的理念。就像俞敏洪，他教的不只是外语，更是一种励志精神，这就是新东方的核心竞争力。阿里巴巴的成功一方面有赖于时机，但更重要的是马云独特的营销理念。阿里巴巴和客户、粉丝都疯狂地崇拜着马云，在他们眼里，马云就是教父。他的每一句话都与别人不同，但每一句话又都能应验，似乎他就是一个智慧绝伦的神灵，能够预测未来。阿里巴巴在庆典的时候，马云把自己打扮得怪模怪样，他的目的只是告诉大家我要和别人不同，你们要认可我，不管他的话和行为是不是完全正确。有句话叫谎言说十遍就是真理，这世界上没有绝对的对与错，坚持下去成功了就是对，否则说得再好也是错。马云被称为疯子、狂人，是因为他还没有用自己的理念来改造客户、改造身边的人。但随着阿里巴巴的崛起，他教父的精神就体现出来了，他一直用自己的精神来团结自己的员工和客户、团结自己的粉丝。他有这样一个认可自己理念的庞大群体，那么他就成功了。人们不是认可阿里巴巴，人们认可的是马云在做的阿里巴巴，假如他的公司换个名字，那么他的粉丝一样会投靠他。他营销的不是网商，而是自己做网商的思维和精神。

做广告的时机

马云如是说

那时候不是因为"SARS"而投广告，是我们预感伊拉克战争要爆发了，估计很多人会看新闻，所以那时候我们就投入了广告。没想到那个战争推后了，但是"SARS"爆发了！所以阴差阳错，我们在CNBC上包了半年的广告，因为我觉得"SARS"不是给电子商务企业带来机会，而是挑战。赚钱是一辈子的事，但是在危急关头，你记得要为客户着想。"SARS"期间，中国企业不能出口、不能参展、不能到海外去，海外企业也不能到中国来，那时我觉得：哪怕花再多的钱，也要帮助我的客户把产品卖出去！所以我们在CNBC包了半年的广告，一天播几次——这个是针对"SARS"的。但中央电视台那个广告，不是针对"SARS"的，我们是针对伊拉克战争的。

提要

在"SARS"开始在中国大地肆虐的时候，不但人民的健康受到威胁，公司的生存也遭遇前所未有的困境。消费减少，零售商的日销售额急剧降低，这就直接影响到生产商和经销商。

启示录

　　马云的思维为什么总是与众不同？因为马云把客户的利益放在第一位。"SARS"期间，马云首先考虑的不是阿里巴巴会受多大影响。而是先考虑客户，考虑到因为"SARS"的影响，客户的生存会受到威胁，所以马云要在美国做广告，去帮助客户在艰难时刻找到买家。马云的这种反常操作，表面上看是巴菲特的观点"在别人贪婪时恐惧，在别人恐惧时贪婪"，其实是一种一切以客户为中心的思想。

　　马云总是在别人不动的时候，他去动；在别人动的时候，他沉默。这样的策略往往起到奇特的效果，但马云的思路却只有一个，为他的客户着想。他不能让客户遭受损失，就像他常讲的，如果客户倒下了，阿里巴巴一样见不到明天的太阳。马云的智慧其实来源于一种高尚的品格。

　　除此之外，马云还有着惊人的预见能力，他预见到伊拉克战争要爆发了，所以在美国做广告，因为伊拉克战争爆发肯定会拉动美国的内需，那么这就是中国出口企业的机会，与此同时，这也是阿里巴巴的机会。尽管战争最后推迟了，但是马云的这种宏观思考还是很值得借鉴的。马云为什么能够成功？阿里巴巴为什么可以迅速成长？这与马云善于思考，从整体上考虑问题的思路，马云高尚的品格，和他为员工、为客户着想的思想是分不开的。

寻找空白点

马云如是说

世界上不是只有一条路通向罗马。毛主席能想出农村包围城市这样创造性的军事理论，我们也可以拿来用一用。eBay不是控制了大城市吗？我们就到农村去，到"敌人"防守最薄弱的地方去壮大自己。eBay可能是条海里的鲨鱼，可我是长江里的鳄鱼，如果我们在海里交战，我便输了，可如果我们在江里作战，我稳赢。

提要

当年阿里巴巴用一亿元人民币打造淘宝，而eBay则宣布将投放一亿美元用于eBay的推广，并且eBay和其他网站都签订了排他性条约。马云另辟蹊径开拓与eBay不同的垂直网站、论坛和个人网站。马云换个战场就获得了巨大的成功。马云在挑战eBay时候，表现出了超出常人的勇气和智慧。

启示录

农村包围城市的战略，是淘宝网的蓝海战略。面对强大的对手如何让自己游刃有余呢？就是甩开对手的强势力量，瞄准对手薄弱的地方，攻其要害。农村是eBay没有兼顾的市场，于是淘宝就从农村开始。面对资金实力强自己近乎10倍的eBay，马云用免费的淘宝战略迅速占据了广大网商的心。他面对强大的对手，敢放手一搏，立足农村。这是一种智慧。但这种智慧说起来简单，做起来太难。创业者经常为失败找各种借口，却不想想自己的战略本身就是错的，或者说没有勇气去拿更大的市场。农村包围城市的战略可以运用到各个行业，但是真正做到的却没有几个人。所以人们慨叹做生意越来越难了。而对马云来说，天下却没有难做的生意。

为什么马云可以做到呢？这与马云敢于挑战的性格有很大关系，马云从小就不顾自己个子矮小，专喜欢打抱不平，但是每次马云都不吃亏，因为马云的勇气和精神已经足够震慑住对方了。但仅有勇气和精神还不行，还需要有智慧。马云敢向eBay宣战就是一种勇气，但是选择不正面冲突，转换战场就是一种智慧。智慧是建立在勇气之上的，没有勇气就谈不到智慧，而没有智慧也无法具有打败敌人的勇气。毛泽东敢去重庆参加谈判是因为他分析出在当时的政治形势下蒋介石是不敢害他的。但是真正做起来还是需要天大的勇气。创业者失败要么是勇气有余，智慧不足，要么就是智慧足够，但魄力不足。如果勇气和智慧都有了，没有做不成的事情。

看得准就能做得对

马云如是说

从淘宝与eBay所投入的资金看，我们怎么也打不过，但倒过来，却不一定会输。大象要踩死蚂蚁也很难，因为蚂蚁不会那么轻易让它踩到，蚂蚁跑来跑去，大象踩不死蚂蚁，却把自己的脚给弄折了，所以我不相信我们赢不了。我们认为对的时候，一定要坚持。当看法一致的时候，我们就要停一停，稀里糊涂地冲进去就可能死掉。所以我们不一定要逆着走，但一定不要跟风。

提要

2004年，马云对媒体讲述自己的淘宝是如何胜过eBay的，这一番话透露出他的智慧。他敢成立淘宝，就已经是勇气，淘宝刚成立，就想要打败eBay，这更是一种勇气。马云善于打破常规，凡事讲究"倒过来看问题"。所以阿里巴巴的员工经常练习倒立，就是要时时警醒，无论表面上看有多大困难，倒过来看，也许阻碍我们的不过是一个简单的问题而已。

启示录

倒过来看问题不是说凡事都要倒过来看，而是要具体问题具体分析，不能邯郸学步。所以马云强调做事情不一定要逆着走，标新立异未必好，但是也不要盲目跟风，迷失了自我。倒过来看问题的智慧在于做事情的时候把重点放在自己的目标怎么样达成上。一种方法不行，就要换种方法。如果事情进展得不顺，要积极想其他办法；如果事情进展得太顺利，也要想想是不是有什么地方没有考虑好，会不会有隐患。学会坚持自己的立场，不要盲目跟风，也不要刻意与众不同，换个角度去思考问题。

事实上，在考虑问题的时候，大家都会不自觉地盲目跟从别人，很少有人倒过来看问题，走出自己的路。这种思维在心理学的表现就是"羊群效应"。

这种思维在炒股票的时候最明显，当股票疯狂上涨的时候，追捧的人反而多，越追风险就越大。但是一条路走的人多了，也就拥挤了。很多人做事往往只考虑一层，大家都说好的时候，也便认为是好的了，没有深入去想，没有换个角度去思考。当大家都想去争一个蛋糕的时候，这个蛋糕也许你会连渣都争不到，那又何必非得吃蛋糕呢？换块奶酪，你可能就是第一个吃到的人。

从身边做起

马云如是说

当年杭州有一份报纸说某家互联网公司是家民营企业，根本没有任何信誉度，含沙射影。为了证明我们已经做到了，我们把企业介绍翻译成英文然后快递到美国，在美国做好网页后用彩色喷墨打印机打印出来，以此证明该企业的网上介绍已经有了。开始确实很艰难，我们后来坚信一点，一个新的东西出来要"兔子先吃窝边草"，从朋友做起。我最大的财富是即使我离开这个公司，跨出这个门，一个电话马上就可以唤来3000万的融资，这是我的信用。我有大批企业家学生，他们对我的信任就是信用，如果你有了信用，你就可以运用。当然人家给了你信任，你必须要用好，也必须要做到，我们当时就是依靠这个信条一路走下来的。

提要

马云2005年在北京大学演讲时，一直强调中国的思维是"兔子不吃窝边草"，而他认为"兔子先吃窝边草"。

启示录

都说"兔子不吃窝边草"，马云却偏偏强调"兔子先吃窝边草"，因为马云坚信自己的产品能给朋友带来好处。马云运用的是口碑效应,好东西当然要先想到朋友,因为马云看到了朋友的需求,并满足了朋友的需求。如果你想创业,就要从朋友开始,先看看朋友最需要的是什么,因为熟悉的人才是最肥的草,你不吃,别人就要吃掉了。

但是"兔子先吃窝边草"是有前提的,一是你的产品质量、服务要足够好才行;二是C2C就是建立在一种口碑基础上的熟人商业,马云的目的就是让广大网商通过熟人的嘴告诉大家这是个好东西。

马云说过一句话:所有的行业人们都会腻烦,但是只有一个行业永远不会让人腻烦,那就是赚钱,任何人都对做生意赚钱充满了强烈的欲望。马云选中了对所有人都有利而无害的产品,告诉大家要去推销给熟悉的人。因为他坚信自己的产品能给朋友带来好处。

马云这个理念就是告诉我们,创业的时候,产品的选择至关重要,只要你的产品是符合大众需求的,就不妨去吃窝边草,因为这能给他们带来收益。比如卖保险,一直都是这个理念。因为保险是对人的保障,是对人有益的,所以保险业都是采取这种办法。有的人觉得难做,有的人却做得风生水起,这是因为好东西也需要口碑效应。马云让网商来吃窝边草,就是积极地利用口碑效应。而好的保险营销员同样也是个人的口碑做到了极致,营销员营销不出去就是你个人的口碑还没有建立起来。

技术是次要的

马云如是说

中国的技术未必会输给国外的技术，QQ输给MSN了吗？新浪输给
Yahoo了吗？坦白地说，我才不在乎技术好不好，我马云技术要创新，但技
术创新是为客户服务的。就像支付宝，没什么技术创新，土，但是管用！
今天看来，技术创新不是一夜之间完成的，其实Google的技术创新不见得比
Yahoo好多少，只不过它专注，一直做搜索做到底，Yahoo则做门户和多媒
体去了。我今天也是这样，我做一个淘宝旺旺出来看看，是土，没关系，
我慢慢完善。完善以后就成了我"身体"里的一块骨头，尽管不漂亮，但
它就是我的骨头。

提要

马云一直重视的是用户体验，而不是技术怎么样。马云坦言自己不懂
技术，但自己却可以检验技术，因为好不好用是最简单的检验方法。土，
不要紧，但是必须要好用。这是马云一直强调的理念。

启示录

任何技术创新都是为用户服务的，在科技界流传一句话："只有卖出

去才是硬道理。"拥有好的技术并不一定让你脱颖而出，关键是看你有没有瞄准用户的需求。在创新上，马云重视的不是技术，而是用户体验。这提示我们创业要以用户需求为根本。做事情，要善于抓住本质。

创业的本质就是用户的需求，无论做什么生意，要把用户需求放在第一位。很多大公司都有强大的研发力量，能研发出各种各样的新奇技术，但是很多大公司恰恰就是被研发拖垮的，因为研究出来的产品用户不买单。

创业者把目光瞄准在用户需求上，只有客户说好的时候才算好。自己认为好是没有任何意义的。有很多产品，广告设计得出神入化，结果企业被庞大的广告费拖垮。史玉柱的脑白金，就是一句话：今年过节不收礼，收礼只收脑白金。这个广告年年被评为最差广告，但是脑白金的销量却持续上升，以至于史玉柱竟然说："如果有一年不被评为年度最差广告了，我反而会担心。"重本质、重需求是经商的根本。抓住这个根本才能在商场立于不败之地。

最后的模式

马云如是说

　　对亚马逊的模式我表示怀疑，它已经落后了，在中国能否活下来我不知道，它的盈利才5%—6%，跟中国的大商场没什么区别。电子商务的利润如果就这么一点点的话，算什么电子商务？亚马逊能活下来，还是靠当时所融的那么多钱去建立前端、后端的整套体系。看看这样的体系，全世界除了亚马逊拥有这么多的资金能活下来，其他什么地方还有这样的体系存在？

提要

　　马云在2004年接受媒体采访的时候，坦言亚马逊的模式已经落伍。B2C采用传统的赚取差价的模式，盈利能力已经非常有限。所以，当当和亚马逊都活得非常艰难。马云认为B2C的模式必须要创新。

启示录

　　马云最初并没看好B2C的模式，也没看好C2C的模式，但是数年之后，亚马逊已经牢牢占据世界B2C领域的老大地位，而eBay同样占据了世界C2C领域的老大地位。马云一心经营B2B，最后他也成功占据了世界B2B领域的老大地位。马云想做一家世界性的伟大公司，B2C、C2C在世界上已经有巨头了，只有B2B还没有出现巨头。另外马云最初也认为，消费者对消费者的C2C和企业对消费者的B2C是没有什么前途的。因此才选择在B2B领域扎根，风雨无阻，安如磐石。但是当在B2B领域获得成功后，马云又想进军C2C和B2C了，淘宝网的成功已经证明了马云的能力，剩下的一块电子商务的肥肉就是B2C，但是马云此时的观点已经开始发生变化了。他看好B2C，但是不看好现有的模式。他认为B2C必须要创新，亚马逊的利润不到5%，跟一个普通的大商场已经没有什么区别了。当当网到现在为止也没有实现赢利。他们之所以活得如此艰难，马云认为，模式是关键。因为传统的零售只是依靠压低供应商的价格来竞争。这样的模式，会导致经营利润越来越薄，也不利于供应商之间的良性竞争。马云心中已经开始在筹划B2C模式了，他说没几年大家会看到一个新的B2C模式，就是建造一个平台，模仿B2B，让企业和消费者直接对接，不赚差价。这样的模式是新颖的，也是马云独创的，这是马云的筹划。跟风和模仿的东西马云是不做的，马云要做就要别具一格，成为一个领域的老大。正如马云自己所说："要么不做，要做就做第一"。